企业家文库

涩泽荣一传

〔日〕幸田露伴 著　余炳跃 译

上海社会科学院出版社
Shanghai Academy of Social Sciences Press

涩泽荣一

（1840—1931 年）

巴黎万国博览会日本使节团合影，后排左一为涩泽荣一（1867 年）

涩泽荣一（1866 年）

涩泽荣一在巴黎（1867 年）

德川昭武，清水德川家第六代当主，后来的水户藩第十一代（最后）藩主。

涩泽荣一的启蒙老师尾高惇忠

德川幕府末代将军德川庆喜

中年的涩泽荣一（1883 年左右）

第一国立银行

访美时的涩泽荣一（1915年）

涩泽荣一的书法

童心未泯的涩泽荣一

涩泽荣一手书的《论语》

晚年的涩泽荣一与家人（1931年）

涩泽荣一之墓（东京谷中陵园）

目　录

涩泽荣一与日本近代化

（代序）

松村信治郎

今天，作为明治维新以来的日本近代化的一个开拓者，涩泽荣一在历史上的重要作用正在得到人们的重新评价。他所著的《论语谈义》一书由讲谈社作为学术文库本再版，PHP研究所最近出版了著名文化学者山本七平撰写的《近代的创造——涩泽荣一的思想与行动》一书，还有目前的畅销小说家津本阳在JR(即过去的国营铁路局)的广告杂志上撰写了《涩泽——官尊民卑的反抗者》一文；此外，关东学园大学法学部教授木村昌人在《中央公论·新书》上发表了题为《民间经济外交的创始者》的研究论文。这些都是对涩泽荣一在日本近代化的过程中起到的重要作用的再评价。

涩泽荣一虽然出身于农民家庭，但不只是一个普通的农民。他父亲是一村之长，家境较富裕。他的青少年时代正处在德川幕府末期。这一时期的幕府经济是建立在士农工商等级制度基础之上的、以水稻耕作为主的封建经济；同时，也是二百多年前就严格禁止对外贸易、信息、交通、商业等的封闭的经济。尽管如此，各地的土特产品丰富，沿海各地海运事业发达，帆船川流不息；陆地的交通工具有人力车、马车等，频繁往来于各地。市场流通，货币汇兑制度也超乎想象地齐备。

涩泽荣一的祖父及父亲富有经营理财的经验，除了种植水稻以外，还生产用于染料的靛蓝和生丝的原材料茧，兼营其收购、贩卖。在这种环境下长大的荣一常因业务上的需要跟随父亲出远门，有机会接触各种事物，懂得了经营的方法。荣一从小就有良好的学习环境，他的表兄是当时水户学派的儒学者之一，荣一从小跟他学习四书五经、汉诗古文等。其父还代表村民们与代官所（幕府的地方代理官）就赋役、税金进行交涉。荣一从少年时期起就帮助父亲料理家业，有时还代替父亲上村役所。随着见识的增长，经验的增多，他逐渐地对幕府官吏的昏庸无能产生不满。33 岁（编者注：本书年龄按虚岁计）时，他受到表哥的影响，立志要举行武装暴动，推翻幕府。暴动计划失败后，他逃到京都，成了尊皇派水户藩主的弟弟一桥庆喜的家臣。从此，他的命运就与时代的巨变紧密地联系起来。

荣一立志要推翻幕府统治，可自己的主人一桥庆喜出乎意料地就任了幕府将军的职位（德川时代最后一代将军）。初衷未改的荣一向主人提出了辞呈，可是不仅没有得到批准，反而被任命与幕府官员一起赴拿破仑统治下的法国留学。这是荣一人生中的第一次大转折。在法国逗留期间，他参观了产业设备方面的钢铁工厂、造船厂、兵工厂，参观了社会设施方面的下水道、学校、博物馆、动物园及其他福利设施，此外还参观了银行以了解株式会社制度及商业信用制度。除法国外，他还周游了荷兰、比利时、瑞士及意大利等国。在意大利拜见了贝克特利亚女王，参观了国会议事堂、报社、图书馆、港湾等，在英格兰银行学习了金本位制通货政策。特别令他惊奇的是政府要人与军人、银行家及其他实业家之间在公开场合能自由、平等地交谈、讨论。这与日本的士农工商的等级制度真是天壤之别。荣一从中体会到了西欧市民社会的自由风气，学习了一些经济规律，认识到一国的繁荣富强必须首先是市民社会的繁荣富强和商业社会的形成这一道理。

不久，从日本传来了幕府崩溃、德川将军"大政奉还"的消息。荣一立即赶回到面貌一新的日本。从这时起他便决心献身于开创民间实业的事业中。他因在静冈藩（过去的主公德川庆喜退职后的隐居地）整理藩财政时才华出众、成绩显著，受到明治政府的起用。这是他生涯中的第二次重大转折。

进入新政府的荣一首先被任命为大藏省租税官，兼任制度改革小组主任。所谓制度改革小组是在荣一的建议下由新政府的要员们组成的审议重大事件的机构，其涉及的范围相当广泛，荣一在担任这一职务过程中参与了以下的决策：

1869 年　度量衡的统一、邮政制度的实施、铁道建设；货币租税取代实物租税、海运业的开设和通商贸易市场的形成；银行汇兑制度及株式会社的提倡；

1870 年　工部省的设立、官营工厂、造船、矿山等的设立；

1871 年　新货币条例、废藩置县；

1872 年　国立银行条例、纸币发行所成立的准备工作；

1873 年　福冈制丝工厂的开业、地租改革条例。

当时的日本为了实现近代化、赶超西欧文明，采取了富国强兵的国策。一方面，在欧美诸国的殖民地政策的压力下，完成了明治维新大业的新政府要人们以强兵政策为中心；另一方面，荣一等人则主张富国政策。最后由于在财政收支问题上出现意见分歧，荣一于明治七年（1874 年）提出辞呈，从此，他便投身于曾经提倡的开创民间企业的事业中。

这时的日本虽然摧毁了旧的社会制度，但官尊民卑的思想残余依然存在。因此对荣一弃官在民间办企业一事，一些朋友误解为是与唯利是图的商人同流合污而向他提出了忠告。对此，荣一回答道：

君之忠告不无道理，而我之信念亦不可变更。我仍将走自己的路。承蒙君言我有才干，不胜感激；果真如此，更应退出官场。若人才皆集中于官界，而平庸之辈散于民间的话，何能指望一国之健全、进步与发展？恕我直言，平庸之辈能担任官吏，而非英俊之才不能从事工商业界。现在的工商业界正缺少这些人才；多数人都受士农工商等级思想的影响，认为政府职员高人一等，而工商业者则自觉低贱。这种错误的想法必须扫清。

正因为如此，培养工商业者的实力，提高他们的地位和品格是当务之急，要将工商业界的地位提高到社会的上层，使人们认识到具有德义的正是他们这些工商业者。实现这个伟大目标是男子汉的事业。我虽然没有从事工商业工作的经验，但是有决心将《论语》一卷作为处世之座右铭，以图工商业的发展。我的辞职就是为了使民间企业里大批涌现出品德方正、知行合一的工商业者，并且皆致力于民间企业经营这一目标。望君能让我实现自己的理想。

从这以后，一直到92岁逝世时为止，他以《论语》为座右铭，专心致力于民间企业的建设。他写的《论语和算盘——道德和经济规律》是一本名著。此后的荣一就再也没有参与政治了。明治三十三年（1900年）伊藤博文组织政党政友会时，劝荣一参加，遭到荣一拒绝。今天的日本仍有这种说法，即在政府就职时称为"上"，其人回到民间称为"下"。荣一名副其实地"下野"了。这是他的生涯中的第三次重大转折。当时他正值 61 岁。

明治六年（1873 年），荣一创立了第一国立银行，自己任总监。资金按照集金主义原则，既有三井和小野这样的大股东，也有公开招募的小股东。他聘请了英国专家阿兰香德做顾问，以阿兰香德的著作《簿记精法》为教材，训练银行职员掌握复式簿记，整顿会计制度，又从书中单独挑出英格兰银行主要干部基尔巴顿的《银行职员守则》中的一节教育职员。其内容如下：

> 凡银行职员必须牢记以下规定：1. 认真、迅速地处理事务；2. 详知政治变化的趋势，谢绝参加政治舞台；3. 锻炼识别贷款用途的眼力；4. 对客人要有亲切感和包涵量，谢绝贷款时不能刺激客人。

这些是今天众所周知的常识，他以身作则带头执行。可是银行的业务并不顺利。此后不久银行的主要支柱之一小野因其他方面的投资而破产了，这样三井的影响占了绝对优势。为了避免银行被三井系统控制，荣一坚持一贯提倡的集金主义原则，坚持实行当时尚没有的存款制度，为了维持银行的信用而费尽了心血。

此后的几十年里，荣一以创立者、负责人及技术指导者身份，创办了日本首批银行、造纸、保险、电话电信、铁道、纺织、电力、煤气、造船、仓库以及旅馆、剧院等企业，可以说当时社会各方面的创立者或者指导者几乎全部是荣一；为了整理经济环境，他还开办了工商会议所、股票买卖市场、粮食交换所、银行集会所等企业的外围团体，积极引进技术、组建企业，促成会计制度的形成、工厂制度的设立等各种贸易活动；还实行了政府资金的引进、通货和金利制度的建立、经营家的培养等措施。在本书出版时的 1930 年以后，他继续兢兢业业地工作着。他一生所参与的企业、经营事业近 600 件。

在社会福利方面，荣一于明治八年（1875 年）创立了商法讲习所（现一桥大学），以培养对外贸易人才。今天的一桥大学同窗会友们相聚的地方——如水馆进口处还高耸着荣一的雕像，侧面写有"君子之交淡如水"。如水馆的命名者也是荣一。据统计他曾参与了 600 多件非营利事业（国际交流、社会事业、福利设施、宗教、文化教育、劳资协调等）的工作。明治四十二年（1909 年），他年近古稀，辞退了大半的职务，专心于民间的经济外交、国际交流等公共事业活动。1931 年，荣一以 92 岁的高龄离开了人世。这一年中日战争爆发。

荣一晚年主要从事民间经济外交。当时日本的内外形势大致如下：1929 年发生了世界性的经济危机。在所谓资本主义经济危机的萧条中，1930 年 1 月日本解除了黄金的出口禁令，立刻陷入了更大的经济危机之中；1931 年 9 月金融王国英国放弃了金本位制，惊慌失措的日本又追随英国，再次实行黄金的出口禁令。国内，农业生产陷入了空前的困难状态，农民阶层成为政治不安定的温床，当时的首相和政府要人们相继被暗杀。军人得以抬头，之后不久，政治就走向最黑暗的时代。

我与译者余炳跃相识于一个偶然的机会。1990 年春，武汉华中理工大学化学系副教授官文超经京都大学工学部石油化学科的介绍，在株式会社松村石油研究所短期进修时，余炳跃作为翻译随同来此。他在京都同志社大学文学院文学研究科攻读博士课程，而我是 1958 年松村石油研究所成立时的创立人、取缔役会长。在休息中，我们就他的日本文学的专业进行了交谈。从那以后，我们就常常见面，谈到了日本近代著名的文学家夏目漱石、森鸥外、幸田露伴。我们都认为前二者受到西欧文学思潮的影响较大，而幸田露伴则继承日本文学的传统，写下了《五重塔》《风流物》等著名作品，还写了《涩泽荣一传》。这部书对涩泽荣一的历史作用给予正确的评价，同时，也具有一定的文学价值。余氏热情地提出翻译这部书，并要求我就涩泽荣一的生涯及其在明治经济史上的作用进行简要地介绍。我就写了以上这些话，权作为序。

第一章

反幕志士

成年前的涩泽荣一

涩泽荣一于仁孝天皇在位的第二十四年、德川家庆就任幕府将军后的第四年，即天保十一年二月十三日生于武藏国榛泽郡血洗岛村。这年正值大和纪年两千五百年，公历1840年。

为某个人物著书立传，描述其生平事迹，是因为某人物属于时代的风云人物。无论何人，都生活于某一时代之中。然而无意识地受了旧时代的思想影响而落后于时代，被时代的浪潮吞没者有之；随波逐流，虽生若死，成为时代的尘埃而终其生者有之；超越时代潮流，与其称为时代风云人物，不如说是容纳不下现实社会者也有之。一个人的才能有大小，品质有善恶，个性特点也千差万别，但各自在其一生中都留下了时代的烙印。唯有涩泽荣一，生于他的时代，成长于时代的潮流里，从时代中摄取水分、食粮，以其营造自己的躯干，丰富自己的思想；

以时代之要求为己之要求，时代之作为为己之作为，时代之精神为己之精神，在人生的岁月里持之以恒，为之奋斗。所以说，涩泽荣一诞生于他的时代，那个时代又造就了涩泽荣一。下面所记载的涩泽荣一的生平就充分证明了这些。

涩泽荣一原名涩泽市三郎。市，是祖上传下来的字；三郎就是第三个儿子的意思。两个哥哥皆于幼年夭折。其父亲名市郎右卫门；母亲名荣，本名伊耶，后来当地的人将"伊耶"的方言发音简写为"荣"了。血洗岛即今天的大里郡八基村。这里北距中山道深谷驿一里远，南临利根河，属冈部侯安部氏领地。相传天正年间，一个名为涩泽隼人的人来到这里，开拓荒地，昼耕夜织，在这块土地上定居下来，这就是涩泽家族的先祖。然而涩泽隼人最初是哪个地方的人却无从考证。有人说是足利氏的支族，有人猜测甲斐源氏逸见族里曾有过的涩泽族的后裔。隼人这个名字显然来源于武士，而上野、武藏两地是当年武田氏和北条氏相争之地。天正十年（1582年），武田氏在甲斐被歼灭。由此判断，疑是武田氏的武士弃兵务农，这在战乱之世是屡见不鲜的。无论是足利氏支流，还是逸见氏族的后裔，从足利氏的根据地下野国与武藏野国仅隔着利根河、武田氏所盘踞的甲斐国与武藏国也只是秩父岭一山之隔来看，涩泽隼人从邻近的地区来到这荒凉的血洗岛村是合乎情理的。由足利氏和逸见氏都是武士集团来推断，涩泽隼人曾是武士出身这一说也可相信。相传血洗岛村最初仅有五户人家，后来繁衍生息，蔚为大观，仅称为涩泽的就多达十余户。其中市郎右卫门家族在当地被称为宗家。所谓宗家即不是旁族的意思。

宗家历来以务农为本，不知从什么时候起，有人开始兼营染料制造和养蚕等副业。到荣一祖父市郎右卫门这一代时，副业不振，反受其累，故而家道大衰，濒临破产。染料业和养蚕业原是商业，生意兴隆时利润丰厚，财运不通时免不了要亏损。荣一的祖父市郎右卫门没有儿子继承产业，只有女儿阿荣，于是将旁族涩泽宗助的第三个儿子元助招为上门女婿，把宗家的用名市郎右卫门转让给元助，自己则另称为敬林，并隐居起来，所以，荣一的父亲市郎右卫门是养子，母亲是嗣子。

宗家和旁族的主次尊卑关系在日本古代习俗里历来受到重视。宗家无论怎样衰落，仍须保持君长的尊严，而旁族即使兴盛，也须处于从属的地位。虽说事实上不尽如此，但至少当时的社会道德是这样，所以，对旁族的元助来说，被招为宗家的女婿，沿袭市郎右卫门的名字。这件事既光彩又合乎情理。对敬林来说，宗助能干、富裕，而其子元助也人品方正，将其招为自家的后嗣，无论是继承家业，还是替女儿择婿，都可以满足了。聪明的宗助之所以愿自己的儿子元助继承宗家家业，一方面是顺应当时的社会风俗，另一方面是看准了元助能挽回宗家的危局，而且又能给儿子元助增添光彩。其处世之贤能不言而喻。

元助以市郎右卫门的名字进入涩泽家后，果然辛勤劳作，凭借宗助家的实力，逐渐恢复了家业。除了从父亲宗助那里继承下来的聪明以及勤勉的习惯外，勤俭持家是他挽回家运的主要原因。一般说来，地方的大户人家年深日久后自然会形成一种生计的标准。风调雨顺的年头里收支平衡，而一旦遇上波折，则会入不敷出，渐渐地由平稳走向衰落。市郎右卫门为了家业废寝忘食。靛蓝是当时日常生活里不可缺少的染色材料，在靛蓝的制造过程中，准确地鉴别其原材料生蓝的质量是关键。能否准确地鉴别直接关系到利润的高低。市郎右卫门精通此道，在远近一带享有盛名。另外，市郎右卫门还拿出余资在荒凉村庄里经营小型百货店。脚踏实地的劳动结下了丰硕的果实。渐渐地，市郎右卫门家业殷实、财力雄厚起来，成为仅次于父亲宗助家的富裕人家。

由于市郎右卫门的刻苦努力，涩泽家成为领主安部侯的御用店，时常受命供应钱粮，被允许在名字的前面附上姓，还能够随身带刀；在村民的推举下，由组头晋升为名主。按照幕府旧制，名主和组头是郡县令的下属官吏，与百姓代并称为地方三吏。名主是村邑之长，组头是名主的副官，其职务范围大至维持乡内的治安，监督农工商业，征收贡税物，小至管理用水、堤防、桥梁、井堰等，几乎涉及所有的公共事业，起着沟通上下、体察民情的重要作用；所以当选名主的人都须有家产，在当地深孚众望。市郎右卫门此时已经成为地方富豪，又新为众人推举，为村民们尽力，其才与德不言自明。荣一的出生正逢这个鼎盛时期，所以说涩泽荣一从幼年时起就是命运的宠儿。

市郎右卫门不仅品德高尚，而且略通文章，精于武艺。他赋诗、咏俳句时不喜好精雕细琢，而文雅清新之气浑然一体，自然地流露出来。其书法气势磅礴，犹如红日涌出地平线。关东风气崇尚武勇，他稍有余暇便踊跃习武，据说达到了神道无念流的剑术标准。这些良好的素质证明他具备了作为地方官吏的各种条件。

敬林之女、市郎右卫门之妻阿荣也非常善良贤惠。一般说来，上门女婿的妻子都性情骄横，但阿荣不仅不骄横，而且对己严格，待人谦恭、仁慈。听说有人贫困或患病时，常暗自落泪，恨不能相助，以致市郎右卫门有时怪其过于仁慈。

在这样的家庭里出生的荣一不仅具有良好的成长环境，而且天生聪颖。荣一从 6 岁起随父亲学习古文，当时的教材是文言文的书信函件。幼年的荣一强记硬背、反复诵读这些古文，并随父练习毛笔字。从 8 岁起荣一又开始随父亲学习《论语》。对失去了两个儿子后才得到荣一的市郎右卫门来说，手把手地教儿子习字，逐字逐句地传授语言、文学、算术之类的知识是何等快乐而充满了爱的事啊！所谓教育不仅是将语言、文学、算术等知识传授给学生，也是将学生的心灵发育引导向正确、美好的方向的过程，所以在早期教育阶段里，充满了父子情的指导是极其重要的。尽管荣一从父亲那里受到的教育属于当时盛行的填鸭式和强记式，但值得庆幸的是，他父亲没有将他送到当时的所谓寺子屋（日本江户时代民间私塾）这样的教育机关里去。

荣一的学业日益精进。到《论语·里仁篇》时，父亲不能在荣一身上花更多的时间了，于是他托一个名叫尾高新五郎的青年指导荣一。这件事虽然极其平常，却给荣一带来很大的影响，致使他离开偏僻的乡村，投身于广阔的天地。命运实在是不可思议。

关于荣一和尾高新五郎的关系，后来塚原蓼州在撰写尾高蓝香，即新五郎的传记时，荣一在其序里这样写道：

> 吾之与公生于同乡，又有亲族血缘关系。论年龄公为吾兄长，论学问公为吾师辈。吾之学业进步、成长无不受公之熏陶。故余之深切敬爱公，始终如一，全管鲍之交，实非偶然。

荣一这番话不无道理。岂止学问上得力于新五郎，更重要的是荣一在从偏僻的乡村走向广阔的世界时，从新五郎那里受到了极大的启发。

天保元年（1830年），新五郎出生于武藏国榛泽郡手计村。父亲名为尾高胜五郎，母亲名为涩泽氏雅重。雅重即前面提到过的涩泽宗助的女儿。按照当时的习惯，市郎右卫门家代代称为市郎右卫门，宗助家代代称为宗助。其长子沿袭这一固定的名字。新五郎的祖父宗助后来同涩泽荣一的祖父市郎右卫门一样，也另取名而隐居起来了。其子女共有五人，即继承了宗助名字的长子、次子长兵卫、长女雅重、三子元助、次女贵一。雅重是荣一父亲市郎右卫门即原名元助的姐姐，故其子新五郎和荣一是表兄弟关系。

新五郎家是手计村的名主，新五郎本人又有德有望，自然地成为村里青年人的楷模。他幼时跟着村里的先生学习四书，还随叔父练习毛笔字。稍大些后，他又向到村里来游学的菊池菊城先生学习汉字。10岁那年起跟随川越的武术老师大川平兵卫练习剑道。大凡天资聪颖的人学习时不满足于课堂教材，往往顺其兴趣爱好博览群书，以增长自己的才干和学问。新五郎正是这样的青年。野史群书都使他爱不释手，其中一些记载着当时的权势人物的身份和享禄的书籍更是使新五郎废寝忘食的必读书。不仅如此，新五郎还从各种不同的人的谈话中吸取知识。可以说当时社会中的一切事物都成了这个聪慧的年轻人的教科书。自从天明年间外国军舰驶入日本港口以来，文政、天保年间沙俄、英国相继打破了德川幕府锁国的长梦。天保十二年（1841年），水户景山公在水户城外的千波郊外以狩猎的名义进行军事演习。随着祖父前去观赏军事演习的新五郎当时仅十二三岁，受到了很大的震动，以至于一生都忘不了当时的情景。十四五岁时的新五郎已经不同凡响。从这时起他开始从事家业，即稻米、盐、油、蓝等的栽培和贩卖。除此以外，他还帮助伯父撰写了《养蚕手册》一书，跟随伯父市郎右卫门钻研制蓝法。在这些工作中他出众的才华已经初露头角。然而，使新五郎初次尝到人生辛酸的是他16岁时家中发生的一桩事。

新五郎的外祖父宗助是远近一带屈指可数的富户，不仅如此，还兼管领主的经济财会事务，所以与领主的关系很密切。他见多识广，富有才干，在宗家衰败时将儿子元助送作上门女婿，以重振宗家的家业。新五郎的祖父矾五郎夫妇却脱不掉旧时名主的习性，平时倚仗权势支撑着家业。此时正逢家道中落的时期，正如二宫尊德所一语道破的那样，一个家庭如果长期收支平衡、平安无事的话，即使不遇上天灾人祸，也会自然衰败。宗助此时已经将女儿嫁给了胜五郎，自然悉知亲家的经济状况。遇上合适的机会时，宗助总是出于责任心而提醒胜五郎。这不免引起胜五郎的反感。那个地方离上州仅一河之隔，流行的风俗也与上州相似，人多好胜心切、虚荣心强，即使背地里吃亏，也要面子上有光彩，而胜五郎夫妇愈是生活窘迫，宗助愈是直言相谏，就这样忠言逆耳反被胜五郎认为是粗暴的干涉。两家的不和自然会牵连到宗助的女儿雅重。她成了公婆的出气筒。家计越是困难，雅重越是受公婆的训斥，以致有几次雅重狠心抛下四个孩子回到娘家。婆媳之间不和自古以来屡见不鲜，其中又常常伴有金钱的因素。三岛中洲在蓝香尾高纪念碑中这样写道："西武有君子，曰尾高公。公少时遭遇人伦之变，其慈母与祖父不和，去而不归数载。"这段文字记载的就是少年新五郎所经历的不幸。离开了母亲的四个孩子哭喊着要父亲接回母亲，父亲慑于矶五郎的怒容，只能默默无言，忍气吞声；四人欲向祖父祖母求情，可又怕火上浇油。兄妹四人悲伤之余，只好让新五郎想个办法。新五郎本来就思母心切，时常窥见父亲黯然度日，更禁不住满腹哀伤；何况深知母亲离家出走的原因。终于有一天，他背着父亲，瞒着祖父，只身一人从手计村走到血洗岛村，恳求母亲回家。由于母亲离家并非一时的决定，所以开始没有答应新五郎的请求。然而新五郎仍一次又一次地含着热泪劝说母亲。精诚所至，终于感动了母亲，重新唤起了她的母爱。另一方面，矶五郎和宗助虽是铁石心肠，也阻拦不了新五郎的信念。于是尾高家终于冰融春回，新五郎在家庭中也越来越起着重要作用。

新五郎就这样勤于学业和家业，加上正是成长的阶段，所以其才华和学识与日俱增。看到这些而感到无比欣慰和喜悦的首先是荣一的父亲市郎右卫门，于是他使荣一成为新五郎的伙伴，和他一起学习。荣一和新五郎原是表兄弟，荣一又并非平庸之辈，所以相差十来岁的兄弟俩人相互学习，取长补短，成为真正的良师益友。

一般说来，年轻人容易从与自己年龄相仿的同辈人那里学到较多的东西。荣一从师于新五郎确是件幸事。他不仅学到了文学、语言知识，而且还在无形中学到了做学问的方法和自学的能力。几年之间，新五郎和荣一都取得了较大的进步。新五郎传授给荣一的方法不是那种僵死的、刻板的方法，而是举一反三、灵活运用的方法。荣一在十二三岁时曾通过伯父宗助之子新三郎借来通俗《三国志》阅读。新五郎知道后不仅不表示反对，而且还表示赞同，说只要有利于培养阅读能力，各种书籍都可以看。从此，记载着关东地区趣事的《里见八犬传》等都成为他课外阅读的必读书。另外，他在新五郎那里又借阅了《日本外史》《十八史略》《唐宋八大家》《文选》等，其间还从游学儒者菊池菊城那里听了《论语》，从中野谦齐那里听了《史记》《文选》，后来又从来到血洗岛村的江户名儒藤森天山那里听了《孟子》的讲学。此外他还广交信浓的木内芳轩、太田玄龄、掠木花邨，萨摩的鲛岛云城等当时的名流，或请教经义，或谈论诗文。到 20 岁时，荣一已经是文章满腹、深有教养的青年了。

除了读书以外，荣一还跟随川越的大川平兵卫的徒弟、表兄新三郎学习无念流剑术。书法自幼随父练习，稍大些后就拜中村佛庵的弟子伯父宗助为师了。20 岁前后，他受到天山的影响，晚年模仿赵松雪体。不仅如此，荣一还同新五郎一样，听从父亲的教导，十分重视祖传的家业即农业和商业，平日不是耕地就是拨弄算盘，还练就了一双鉴别蓝草的慧眼。

　　嘉永六年（1853年），荣一正值14岁。父亲市郎右卫门为了蓝草生意而出远门去信州、上州一带。临行前，将附近一带蓝草收购的活计托给了其祖父敬林。敬林于是叫荣一一块儿去。而荣一却不愿年迈的祖父受累，坚决主张自己一个人去。他独自一人往返于横濑、新野、宫户、大塚岛、内岛等村庄间，将难以鉴别的蓝草按质论价收购上来。父亲回家后称赞了荣一一番。从此，每年信州、上州、武州、秩父等地的买卖生意又有了帮手，制蓝业得以发展。

　　安政五年（1858年），兄弟二人又为了做蓝的生意而去信州。二人都是文章满腹的青年，一柄单刀，数卷线书，俨然是一副出门求学的书生装束。一路上二人论文赋诗，谈笑风生。后来他们将这些诗句收为一集，题为《巡信记诗》。二人的容貌在诗中明晰可见，呼之欲出。其中新五郎用汉文写的序和荣一的跋等，真实地反映出二人的实际生活和思想感情。荣一写跋时用的笔名是青渊，这是由于他家的屋后有片沼泽地，名字叫渊上。这次旅行的路线按照生意的需要，由上州的藤冈出发，经过下仁田，然后翻山越岭，通过信州的南佐久，最后到达上田。出发时新五郎曾写道："一双行李向西风，腰剑肩书意气雄。"宛然是书生或侠客出门远游的景象。新五郎的父亲见此甚为担心，提醒他们不能贪溺于诗文而影响了生意买卖。新五郎在其序文里记述了此事，写道：

"父亲的教诲要遵从，不应忘记。"

内山峡由东向西横切与荒航山相连接的山脉。这里山路险峻，景色奇特。兄弟二人一路上相互唱和、咏赋着长篇古诗。其中新五郎的诗意颇有奇趣，大意是：攀险登高之中，忽然望见西南方悠然有方士洞窟，一方士正端坐于青石上含气炼丹。呜呼，古之方士不亦乐乎？我辈无奈生于红尘之中，为区区铜钱而钻营计较，岂不悲耶？听了这番感慨，在一旁的荣一不禁放声大笑道："昔日兄之教导我者乃孔子之道也。为子为臣当存忠孝，舍此而外无可仿效。"新五郎听到这话，豁然开朗，收敛了被神仙邪道诱惑了的迷离之心，说道："吾弟之言甚当。生死之事不足言。吾唯以楠公子为友，不愿学藤房卿之迁。"结尾写道："节义尽处即是天，洞见到是万事轻，乃以儿戏见修仙。此时昂然躬甚健，不觉行过万寻巅。"荣一在他的诗里也表达了既不好通世求道之徒，又鄙视唯利是图的市井小人这一理想，指出："不识中间大道存"，主张五伦之外无大道。最后以"篇成长吟涧谷应，风卷落叶满山鸣"的句子收尾。

在青嶂白云、超世脱俗的境界里看到飘逸仙人而羡其风韵高雅者是诗人之常套。与此相反，这时的新五郎、荣一二人的态度却是现世的、积极的，充满了对现实生活的美好愿望。这确是难能可贵之处。然而若将此仅仅看成是他们二人独有的话，又不免过于偏狭。因为这种思想在当时的有学问的青年人中间普遍流行。在日本历史上，每当一个大的变革到来之前，各地方、各阶层的人，凡是吸收了时代的新鲜空气、有理想的青年总是具有这种积极进取、奋发有为的思想和感情的。德川幕府统治这时已经进入腐朽阶段，在武力镇压之下，外表看来似乎是政通人和、平安无事，然而社会文明逐渐地发展、变化，中层社会到这时已经开始觉醒，加上外国的压力和刺激又迅速增大。在这种情形下，有识之士不约而同地奋起，欲改造现状。其目标虽然还很模糊，但其势力席卷着列岛，汹涌澎湃。其中一部分优秀人物成为领袖，顺应历史发展方向，脚踏实地地推进运动向前发展。另一部分人虽然没有鲜明的改革意识，却也不甘随波逐流、醉生梦死。如果读一读当时的诗歌，再与安永、天明时期的诗歌相比较，历史变革前夕的兆头就更加明显了。当时的新五郎和荣一就是这种伴随着时代的浪潮、与时代共同前进的青年。虽然新五郎没有师从其他名师，但这地方与水户学派的大本营接近，他自然与水户学派里的志士有所接触。据说他非常喜爱水户学风，读了藤田东湖、今泽正志等的书籍。荣一也多少从新五郎那里受到一些影响。新五郎和荣一虽然不是历史变革的领袖人物，至少不能说是时代的落伍者。

历史已经发展到这样的一个时代：即一个地位不过是村里名主儿子的青年人可以向藤房卿发出质问，并且公开嘲笑洞窟里的道人。然而也就在这同一个时代里，还残存着一批鼾睡于旧时代形骸之中的遗老遗少们。这些人用手中的权力对呼吸着新时代气息的志士仁人们施以淫威，进行压制，其结果不过是引起他人的厌恶，使自己陷入越来越孤立的境地，促使周围的人以致整个社会抛弃他们，跨入新的时代。当时的上层社会表面上看去似乎都习惯于安逸、奢侈的生活，实际上是拘泥于历史形成的贵族生活模式而勉强维持门面。年俸 1000 石的贵族按其 1000 石的标准生活，年俸 10000 石的贵族按 10000 石的水平开支。照道理说，这种收支平衡的生活是保险的，其实事实上并非如此。年深日久必然会有收入减少、开支增多的趋势。这种情况在长期的生活中潜在地增长，积重难返，某种意义上形成可怕的经济桎梏，束缚着昔日的大户人家。在德川末期的社会里，江户的旗本、各藩的藩士、大小诸侯等，十有八九都陷入了这种经济上的困境。身份高贵的借债也相应多。德川时代的诸侯中也有少数的人被称为明君的，但那不过是在遇上入不敷出的时候能及时变革，挽救了经济上的残局而已。然而这种所谓明君在当时寥若晨星。一般的大户人家都是在勉强支撑着旧家族的门面，其家臣、用人也投其所好，只要能拆东墙补西墙，蒙混过关，就算是对主子尽忠了。当时幕府统治实行的是高压政策，所以这里所说的拆东墙补西墙不外是向自己领地里的富裕商人强行摊派苛捐杂税。这种方法实质上是将战乱之世里流行的武力统治方法运用到和平社会里，其结果势必引起人民的生活困苦和对统治集团的不满，以致怨声载道。这些现象真实地反映出德川幕府统治的丧钟快要敲响了。另一方面，由于太平治世持续了几百年，一般老百姓已经失去了战争时期曾有过的软弱无能，外表上看来处于淫威压制之下，其实内心里无不咬牙切齿，怒视幕府的统治。新五郎诗里曾写道："营营纷纷争铜钱"；荣一的诗里也写道："朝奔暮走趁浮荣"。这些诗句暗示着诗人在辛勤的劳动果实被剥夺后对生活发出的感慨。还是在写此诗的前两年，即荣一17岁那年，父亲和其他村民们被领主安部摄津召集到冈部村的村会议所。父亲因病不能出门，便让荣一代行。荣一来到村会议所一看，原来是安部摄津命令众人纳御用税。宗助家因为较富裕，必须交银1000两。宗助无奈，只得勉强答应。荣一家被摊派了税银500两，在此之前他家里曾经交纳过2000两。当时500两是一笔大数字，荣一并非一家之主，所以不愿立即答应。这时领主安部摄津的代理官嘲弄他道："难道还要回家经过你老子的同意才行吗？白活了17岁！"说后逼他立即答复。然而荣一到最后仍没有答应。当时的荣一在归途中不禁感慨万分。不能说这件事使得荣一萌生了谋反之念，但当时这类领主及其代理官对下层人民的专横跋扈，或多或少地会将一部分人推到统治者的对立面上去，久而久之，终于引起社会变化，导致武士统治的灭亡。从这个意义上来说，推翻武士集团统治的固然是勤皇派，然而真正的掘墓人却是这类大小贪官污吏组成的统治集团自身。父亲事后借用"哭童、地痞惹不得"

这句谚语来劝诫荣一，了结此事，但年轻的荣一从这个社会现象里受到了强烈的刺激。荣一少时所受的家庭教育十分重视有计划的、合理的生活方式。有一次他从江户买回了书籍和砚盘箱，父亲知道后，怪他过于浪费了，为此而训斥了他。在这种家庭环境中长大的荣一对上述不合理的威逼和强行摊派能不愤怒吗？

就在新五郎和荣一自号为蓝香、青渊，赋诗远游的时候，涩泽、尾高两家商定了荣一的婚事。在当时，婚姻由父母包办，而荣一也没有反对。十月底，荣一和新五郎回到家里，十二月初，尾高胜五郎的女儿千代就作为荣一的妻子嫁到涩泽家来了。胜五郎之妻雅重是荣一父亲的姐姐，所以荣一和千代是表兄妹的关系。这时荣一虚岁19，千代18岁。在今天看来这未免有些过于早婚，而按当时的风俗习惯，富裕人家里的早婚是常见的事，何况表兄妹之间的结合被认为是亲上加亲的美满婚姻。

婚后的荣一拥有家室财产，春风得意，本可以成为村里的一大富户，平安无事地度过一生，然而那个动荡不安的时代却没有让他躲进安乐窝里享受安逸。在他的周围，新五郎这时已经进入而立之年，才华横溢、卓有见识，而且社会阅历丰富，对当时的时代变革有独特的见解。新五郎的弟弟、千代的哥哥长七郎也比荣一大两岁，身材魁伟，力大善剑，少时即已具有拔群之技。长七郎长成后听从新五郎的建议，远游江户，文拜海保渔村为师，武学伊庭军兵卫之术，同时广交志士，周游四方；回乡之后在血洗岛村和手计村之间，即鹿岛神庙旁边的武道场里教授剑术。此外，荣一父亲市郎右卫门的兄长长兵卫，即后来从涩泽宗助家分家、别名为文左卫门的儿子喜作也有勇有谋，充满了豪杰的气概。在这样的环境中成长起来的荣一，无形中受这些人的思想和感情的影响，加上当时日益高涨的尊皇攘夷呼声和下层社会里对幕府统治的不满情绪，所有这些都使得他不能安于务农，独守家业。婚后的荣一同过去一样，不甘心仅仅做一个称职的丈夫，而一心想干一番轰轰烈烈的事业。此时他的胸中燃烧起进江户城，修文武之道，窥视天下形势的火焰了。

荣一的父亲市郎右卫门老实敦厚、安分守己，只图日子过得平定、安稳，所以时常劝告血气方刚的荣一。这本来也是情理之中的事。当一个社会处于变革时期时，年轻人一般都按照离心力的轨道行动，老年人则按照向心力的轨道行动着。上了年纪的人往往在内心里对现实社会抱有疑问，但对新时代的到来又不能张开双臂去迎接，只是顺应着时代的潮流。不仅市郎右卫门是这样，当时一般的善良、聪明的人士都如此。正因为社会中存在着这种中间力量，社会变革才能微妙、稳定地进行。荣一在父亲的劝阻下，只好在家中守业数年。当时，不少的青年人都缺乏考虑，一意孤行，而荣一能够听从父亲的劝阻，在家等待时机，显示出了他性格中笃实的一面。这种笃实的性格为荣一后来走上社会，与人接触提供了巨大的支持。

不安分的荣一

就在荣一在家守业的两三年里，世事又发生了急剧的变化。日本被迫与欧洲列强签订了不平等条约；幕府将军家定死去，围绕继承人应是水户还是纪伊当的问题出现了意见分歧，最终选定13岁的纪伊庆福进入幕府，并将其名字改为家茂成为将军；与此同时水户的齐昭被幽禁了起来，井伊直弼的势力也因此得以扩大，可没过多久井伊直弼就被水户浪士杀戮。水户浪士经常与外国人斗殴，相互杀戮的事时有发生。在地理上和思想上与水户接近的人们曾为此多次受到刺激。喜作同长七郎一样，在江户海保渔村门下和千叶荣次郎门下学习。新五郎身为名主，表面上只能恭敬文雅，正如《水浒传》里的托塔天王晁盖那样，暂守着家业，而长七郎和喜作则充分吸收时代气息，已是跃跃欲试的雏鹰了。在这种情况下，荣一终于按捺不住，也要求上江户游学了。父亲市郎右卫门见此，知道再也阻挡不住儿子了，只好附加一个条件，即只能在春季农闲时才能出门远行。文久元年（1861年）的春季里，荣一终于可以出发了。这时，他只有22岁，正是充满朝气、雄心勃勃的年龄。他进入海保学塾和千叶道三郎学塾，名义上是学习古文和练习武术，实际上是为了与老师身边那些有抱负的青年进行接触，从他们身上体验那种雄迈、豪爽的气概。

在这以前，荣一犹如池中的鱼儿静静地吸取涓涓细流带来的生气。文久元年（1861 年）时的江户出现了日本自古以来未曾有过的混乱状况：有由于欧洲列强瓜分世界对日本的威胁引起的混乱，潜伏着的国粹主义的暗流在武士统治的背后引起的混乱，由关原一战中被击败了的西国大名的复仇引起的混乱，由于长期的世袭官僚制度在中、下层人民心中引起强烈不满和反抗所引起的混乱，由于朝廷、幕府及大名内部的权贵们为了各自的主张、权力、利欲及派阀势力进行的明争暗斗所引起的混乱。在这些混乱中，有的人面红耳赤，有的人声嘶力竭，有的人尖刻狠毒。这些混乱犹如大大小小的漩涡，相互混淆，回流急荡。其漩涡的中心东在江户，西在京都。血气方刚的青年荣一来到的就是这时的江户。身处在这样的时代，只要是一个正常人，谁能不为这些历史的浪涛所触目惊心。何况荣一是一个耳聪目明的伟丈夫。已经满腔热情地接受了历史浪潮的冲洗的鱼是不会对此无动于衷的。长七郎和喜作已经成为沧海横流中跃跃欲试的卧龙，荣一也萌生着同样的念头，暂时返回家了。

要将当时纷乱的时局说清楚是一件很难的事情。德川幕府被推翻后的史书千篇一律地打击、否定德川家族，同时赞美取而代之的新政权。于是德川幕府的崩溃被认为是对其罪恶的清算。这种普遍流行的看法也并非全对。不用说，正因为幕府的制度、政策及所作所为不合时宜才引起自身的灭亡，但同时又正是因为被明治政权推翻了才理所当然地成了贼寇。谁都还记得推翻幕府的萨摩人自己在明治时期发生骚乱时曾经使用的"胜者为王败为寇"的口号。这不过是那些在幕府时代从事反对幕府运动的人的心理表白而已。倒幕大功告成后，萨摩没有瓜分到实权，长州也没有瓜分到实权。皇德普照，良臣辅佐，国运隆昌，谁也不会想到拨弄残灰余烬来为幕府辩白冤屈。当时的反幕府运动尽管采用了阴谋权略，但事后的揭发只有弊而无益，所以各阶层的人几乎异口同声地同意幕府方面是假恶丑，而反幕府方面是真善美。然而事实远不止这样简单明了，而是极其错综复杂的。集合在反幕府、尊皇的旗帜下面的既有忠心耿耿的君子，也有假公济私的小人，甚至于还有借尊皇之名明夺暗取的人。这些人也成为时代潮流中的一个分子而加入倒幕行列。在历史变革的时期里必然有这种现象。人类社会本来就不是纯而又纯的。逐一地评论其正确或不正确、合乎道理还是不合道理是不可能的事情。仅有一点是无可争议的，即当时的局势确实如上述所说的那样复杂，而且当时各种类型的人既然不愚蠢，就都在为了某种动机而冲动，并且都向着某一方向行进着。理解了这一点，就理解了当时人们的心理状态和行为。对一个人来说，不惜抛弃生命去干的事情总是具有其重大的原因的。在这里不必像律师似地一一论证，只要客观地、大体上把握其原因，避开善恶贤愚的烦琐区分也许更接近公平。

比荣一年长的长七郎在武艺和学问上都是杰出的人才，长期以来为时事之多变而激奋。他不能永远地沉默下去。安政大狱刺激了反对幕府的力量，樱田事件又使幕府统治受到挫折。文久元年（1861年）出现浪人袭击英国公馆之类的直接对外国的武力行动。井伊直弼遇刺死后，安藤信正一脉相承，仍推行倒行逆施的政策。于是在水户和长州的一些地区又酝酿着除掉安藤信正的计划。当时的时势就是这样混乱迷离。在这样的背景下，长七郎和多贺谷勇共谋，欲拥立轮王寺宫公现亲王，在日光山举兵。当时有些浪人并非有什么密诏圣旨，仅仅凭自己的意气对外国使臣有排斥、攻击的行动。这些事情对政府官员来说是十分头痛的。长七郎的这一行动也同样令人十分头痛。轮王寺宫是江户上野的法亲王，虽然活泼，长于武术，但毕竟是超俗脱尘之身，又年仅15岁。从上野还有党王院这样的名僧来看，长七郎此举可能事出有因，但是从拥立亲王，举兵胁迫幕府尊皇攘夷这件事来看，未免太幼稚了。长七郎和多贺谷勇一起在江户走访了原市之进，并将其计划告诉了他，请求支持。市之进是水户藩中的贤士，自然没有答允。长七郎又去宇都宫拜访了菊池教中。菊池是宇都宫藩士，慨然答允了长七郎，但菊池的上司、姐夫大桥顺藏坚定反对，制止了菊池的行动。顺藏本人自然也不会答应长七郎。于是长七郎的计划未能实行。

说起来这个计划并非是长七郎首创的。多贺谷勇和长七郎在相互商量后，十一月八日晚在小梅村的大桥宅里得到了菊池教中和顺藏的手下中野方藏、儿岛强介、得能淡云等人的赞成，最终因为顺藏的反对而未能实施。之所以选择日光山为根据地，多半是为了满足宇都宫藩士的想法。在这天晚上的商议中，大家都偏向于一个行动计划，即袭击安藤阁老的计划。

大桥顺藏原是尊皇攘夷的中心人物，为人忠厚而无计谋，而且学问高深，被宇都宫藩雇为参议，号为纳庵先生，在一般的有识之士中深受敬爱。这天晚上的会议虽然多贺谷勇是发起人，但参加的人却大多数同意水户藩士平山兵助、下野的河野显三及后来的一些在坂下门外袭击安藤阁老的人的建议。顺藏在修改了锄奸计划后批准了这一计划。这样一来长七郎反而被众人要求参加这一行动计划。天亮后长七郎就托词离开了会场。后来听说涩泽喜作也参加了这个会议。除了这天晚上的会议外，顺藏的门人、宇都宫藩士冈田慎吾、松本等人曾策划拥立一桥庆喜在日光这个地方举兵，并且四处请求援助。由于这些原因，加上顺藏与京都的豪绅过从甚密，一脉相通，所以袭击阁老和日光举兵还未来得及实行，幕府就于文久二年（1862年）正月将顺藏抓起来审问。出入顺藏宅府的人也都受到牵连而被逮捕。当月十五日袭击安藤时没有袭击井伊时那么顺利，其原因也是由于大桥顺藏被逮捕后手下的志士们仓促行动的结果。

长七郎从江户返回后与兄长新五郎和表弟荣一商谈了袭击

安藤一事，新五郎和荣一都表示反对，长七郎也就作罢了，但由于曾参加了策谋，所以只得销声匿迹，在上州佐位郡的国领村里躲藏起来。坂下门事件发生后，长七郎由于躲在乡村，不仅没有受到牵连，而且根本不知道这个行动方案果真实行了。

长七郎在偏僻的乡村里，对正月十二日顺藏被逮捕和十五日袭击阁老的消息全然不知，于是打算再次上江户城，寻找同伴。在血洗岛村和手计村一带，江户暴动的消息早已传开。就在这种时候，荣一和新五郎从涩泽家的亲戚福田兹之那里听到长七郎要上江户的消息，不禁大吃一惊，心想这岂不是飞蛾扑火吗？荣一从兹之进那里听到这消息后刻不容缓，半夜换了衣服装束就出发追赶长七郎去了。去江户的道路只有一条，在天晓时分长七郎正要离开熊泽驿小松屋旅馆时，荣一赶来一把抓住长七郎，立即将大桥顺藏与儿岛等被捕、阁老袭击失利、河野等六人被处死等消息从头到尾叙述了一遍，然后又劝说长七郎道："现在去江户无异于自投罗网，不如暂时前往京都避险，通过名人志士了解江户的形势，为皇室的振兴另择良策。"长七郎就这样免于遭难。于是他先返回家，然后前往信州的佐久郡下县村木内芳轩处暂住了 2 个月，再南下京都，等待形势的变化。在长七郎东奔西走时，多贺谷勇也受到幕府的追捕，暂且在鲛岛之城、即后来的中井弘在妻沼的寓所里。新五郎送了些钱给他，劝他另择避难处。荣一自身并没有什么越轨行为，但是看到周围的亲戚朋友遇上这样的遭遇，心情该是多么激愤啊！时局给他带来的种种因缘不是促使他做一个好丈夫，而是促使他成为一个经国治世的志士。

櫻田、坂下之变后，幕府的威信日益低下。一般武士浪人、志士纷纷谈论政治，无所顾忌。和宫降嫁（1862年）前后，曾经流行过公武合体的说法，但民心所向仍然是否定幕府统治，甚至于一度出现过讨伐幕府的说法。文久二年（1862年）春，长七郎去京都，常将一些反幕府的形势告诉新五郎及荣一、喜作，给他们非常大的刺激。此外，血洗岛村的邻近地带——上野、下野、常陆等地区有许多勤皇志士，这些人的思想无疑也会给他们三人以较大影响。不仅如此，长七郎、喜作、荣一等人在此之前已经结交了一些名人志士，这些名人志士了解了新五郎等人的为人后也都从四面八方慕名而来，将各地的种种消息，反对幕府的意见、策略等传给了他们兄弟三人。在这种情形中，文久二年（1862年）总算平安无事地过去了。到了文久三年（1863年）春，长七郎从京都起遍游了山陵诸州，回到血洗岛村里。荣一又在江户停留了4个月左右，置身于沸腾的时局之中，亲身体验到了时代的潮浪。长七郎不久又与大桥顺藏手下的川连虎一郎一起拜访了河野显三的故居。河野显三是坂下门战斗中牺牲的好友，其故居位于上野绢川西岸的吉田村。显三在临出发前留下一首诗："决心欲手扫榛荆，一剑直当百万兵；成否从来皆天耳，将留报国尽忠名"。写完后便投笔参加刺杀安藤的行动了。死时年仅25岁，死后留下白发老母孤身一人。其遗物已经散失，仅存诗稿一卷。长七郎见此不胜感伤，带着诗稿回了家。荣一看到诗稿后也被其豪情壮志所感动，于是为河野显三做了小卷，将其诗稿传至后代。今天尚存的署名为"青渊藏版"的《春云楼稿》就是此书，从书中可以感受到年轻的荣一和长七郎的满腔激愤。在这样的时刻怎能无动于衷呢？何况出羽的清川八郎特地找到长七郎、中濑的桃井可堂及新五郎相互商议大业，还有这年五月长州的赤间关发生炮击美军舰、七月英国军舰炮击鹿儿岛等事件。时局急转直下，激烈变化，这些无不刺激着荣一。

文久三年（1863年），涩泽荣一24岁时，竟然要和新五郎、喜作等人共同举兵抗幕府了。从此以后，荣一便不能安居故乡，而开始投身于急荡的社会中，成为一个政治活动家。这举兵计划对荣一来说是一次重大转机。根据荣一后来的回忆，这次计划完全出于自己的意志，即出于对卑躬屈膝的对外政策和不合理的社会制度的愤怒。作为一个深受水户学派思想熏陶，又是年方24岁的血气方刚的青年，由于当时的各种外界刺激而产生这种思想是理所当然的事情，但是人们的志向既有单纯地从内心里萌发出来的，也有受到各种复杂因素的启发而产生的。既是荣一的老师，又是荣一的表兄、好友的尾高新五郎本来就是一颗"天罡星"，欲拥立轮王寺宫举兵抗幕府、与水户的原市之进、宇都宫的大桥讷庵共谋的长七郎也是一颗"天罡星"，频繁地出入于江户，与名人志士广为结交的涩泽喜作也是一颗"天罡星"。荣一当然是群星中的一颗明亮的星，但无论从年龄还是从学识上看都堪称为群首的应该是新五郎。只是荣一具有从其父亲市郎右卫门所继承下来的地位和财力，在群星中恐怕是最大的实力派。

这些人中还有一颗"天罡星"，即出身于北阿贺野村的桃井可堂。桃井可堂，名仪八，跟从上总的东条一堂学习以后，颇有名气。东条一堂不愿附和幕府的官学朱子学，而自成一家，在当时是除了官学以外的一大学派，而且具有经世致用的思想。仪八的学问是从一堂那里继承而来的，所以并不喜欢死记硬背和玩弄辞藻的学风，后来受庭濑藩主板仓胜资的聘请做他的教师，又教授其他的门人。随着外国列强的威胁日益增长、天下动荡不安，他忧国愤世，与其他的志士们广为结交，不再继续埋头于书斋里了。文久三年（1863年），一堂与长州藩士密约，三月辞去庭濑藩的职务，回到故乡榛泽郡中濑村定居。表面上依旧教授弟子，实际上是准备兴兵反抗幕府。中濑村位于血洗岛村和手计村的东北，相距不过一里远。三月二十五日，仪八一堂见了上州新田郡田岛村的仓松满次郎。仓松是新田义贞的后裔，代代都叫作满次郎。因为是德川氏的先辈，一直享受着特别的待遇。仪八这次的来访是想通过名流争得声望。根据仪八的记载，该月的二十八日他还走访了卖油郎新五、长七两兄弟，但是没有见到他们。"新五"无疑是指新五郎，"长七"可能是长七郎。另外七月二十三日的日记中记有"黄昏尾高长太郎""血洗岛七郎右卫门男纹治来"的字样。"长太郎"即长七郎；"血洗岛七郎右卫门男纹治"这个人来历不详。纹治是手计村下新田的人，并非血洗岛的人。后来新五郎被关在冈部牢房时，一个名叫松村纹治郎的植树匠曾同弟弟纹吉联名写状要求释放新五郎。这个松村纹治郎就是一堂日记里记载的"纹治"。他还将武器弹药由江户通过利根河水路秘密运到中濑村。这样看来，"血洗岛七郎右卫门"这个人与纹治不是同一人，究竟是谁只能凭想象了。"七郎右卫门"如果是市郎右卫门之误的话，就应是指荣一，因为上述日记中的字样可以理解成市郎右卫门男、纹治。同月三十日的日记中还有如下记载："去手计村，纹治不在，晤长七郎，与宜三同行。"宜三是仪八的儿子。从这些记载的事实来看，尽管没有仪八与荣一直接见面、共商举兵计划的证据，但是不能否定仪八的计划与新五郎、荣一的计划之间有某种联系。尽管这种联系是若即若离的。对新五郎和荣一这样聪明而又脚踏实地的青年来说，无论怎样对幕府卑躬屈膝的外交政策不满，并且急于改革腐朽的制度，以一个村长及村长儿子的身份是不会突然参与反政府的公开的活动的。

　　仪八的计划也是如此。仅以一个乡村里儒生的身份，无论具有怎样优秀的思想，也绝不会突然想到举兵对抗幕府的。如果他是单枪匹马地起义对抗幕府的话，那只能说是痴狂症。实际上这时长州稍得志，具有了一些势力，便打起天皇亲自讨伐的旗号。仪八的计划便是在这种形势下，作为长州的一个部分出现的。没有资金的话仪八的计划寸步难行，必然需要从长州秘密地接受资金。不管是以长州为中心，还是以仪八为中心，这两者之间是有很密切的联系的。八月初，仪八的长子八郎在江户的长州寓宅里会晤了长州藩士及岛原的梅村真一郎、久留米的权藤真卿等人，便可以说明这一点。还有长州的福原美祢助、大乐源太郎，久留米的水田谦次、池尻嶽五郎，宇都宫的广田精一等人及其他诸藩志士们来见仪八。这些都说明仪八的背后存在着反幕府的有势力者，即长州藩过激派。

新五郎、荣一等人住的地方在地理上与桃井相当接近，长七郎又是尊皇攘夷的志士们中的一人。中濑村与手计村、血洗岛村之间有联系是必然的，而且似乎是由桃井方面主动联系上的。60年以后，即大正十二年（1923年）七月，新五郎、长七郎的纪念会在上野的宽永寺召开时，荣一邀请了桃井一堂的孙子，席间曾经对他说道：我与你祖父都曾经在关东战斗过，当时常常在一起共同商议大事。但是没有提及在桃井的率领下起义等等。实际上也是如此。

桃井仪八的计划是首先在自己有影响的地区，如上州、武州、越后等地招募勇士，推举岩松满次郎为主将，十一月十二日那天暴动起义，一举攻拔上州的沼田。然后以此为据点，袭击横滨，打击外国势力；如果形势不允许的话，就坚守险要之地沼田，诱发四方响应起义。起初他预想长州会遥相呼应的，但是此时长州在京都一带已经丧了实力，即使桃井等人一时成功，也已经错过时机，不能按预定时间和计划实行。桃井毕竟是一个学者，不是务实派。

尾高、涩泽的计划是联合乡党及附近的精英，并劝说千叶的同窗真田范之助、佐藤继助、竹内练太郎、横川勇太郎、海保的同窗中村三平等好友参加，总共仅 69 人，于十一月十二日那天夜袭高崎，夺取高崎后再扩充部队一扫横滨的外国势力。

桃井和尾高、涩泽两方同在十一月十二日那天暴动，一个在沼田，一个在高崎。虽然沼田是高崎的内侧，但是两个地方处在一个延长线上。尾高、涩泽此举尽管不是桃井引起来的，但双方的关系由此可想而知。如果按照预定计划执行的话，将会有相当大的声势。问题是出其不意地夺取了沼田和高崎后能坚守多久。特别是高崎这样四通八达、无险要所据的孤城，单凭 70 人是不可能入城后便万事大吉的。如果不能紧接着扩大战果，增加人势的话，即使得到了城他也只会像焰火一样立即消失。桃井和长州有多密切的联系不详，但有关系这一点却是事实，所以还有情可原，而尾高、涩泽方面最初就知道没有后援。如果他们敢于起兵暴动的话，那未免太浪漫了，不可想象这是聪明的新五郎和性格笃实的荣一做出的事。总之计划暴动是事实，没有按照计划实行也是事实。

　　由于这种种原因，荣一逐渐产生了新的想法，即不能安心于平凡的家庭生活，而要将自己一生的命运与时代车轮紧密联系起来。但荣一又是在父母的慈爱下长大的，理智和情感都得到了正常的发育，所以一方面充满了雄心壮志，另一方面又不能违背父母之命，擅自从父母充满仁爱的膝下远走高飞。荣一这种忠厚的为人后来曾被人广为称赞。这年的九月十三日举办了赏月宴会，新五郎和喜作都出席了宴会。父亲市郎右卫门也出席了。席间谈及世事纷乱，荣一借机对父亲说道："世道既然如此，我也不可能安心于务农经商，请求父亲给予自己一生的行动自由。"可是父亲却担心自己的爱子要起锚张帆，向不测的大海行驶，便以忘记了身份会招来越俎之罪的道理来说服荣一，告诉他只有平安无事地度过一生才是真正的幸福。这句话本来说得在理，荣一也不愿违背父亲的意志，只是早已决定的事不能更改，所以他再三地陈述不能以农桑为终生职业的理由，恳求父亲给予自己自由。荣一本来是为了避免今后的行动会连累父亲，同时为不能在父亲膝下尽孝而表示歉意，而父亲也并非将荣一的恳求看作恶意，只是考虑到有更安全、幸福的道路，所以劝荣一选择平坦、顺畅的大道。这样父子二人相互谅解而又各自坚持己见，在这样的气氛中谈判持续了很长时间。天亮时，市郎右卫门知道儿子的决心已经不可更改，只好作罢，说道："好，既然如此，你就按自己的想法办吧。只要不给你的自由行动

抹黑就行。我还是照旧代务农守业。"就这样父亲答允了
荣一的终生自由。荣一又接着说道："既然已经允许我离家
出走，那就请求父亲将我除籍，让妹妹继承家业吧。"所谓
除籍是当时的一种制度，在名义上除掉户籍，不再是家庭里
的成员。市郎右卫门听了儿子这番话，立即摇头道："现在
突然将你除籍反而会引起众人的猜疑，养子的事不必着急。"
毕竟市郎右卫门老成多谋，一句话制止了荣一的冒失。最后
市郎右卫门又问儿子道："你离家出走后具体想干哪些事呢？"
听到父亲的问话，荣一无法回答。本来这并非绝密的事情，
但荣一最终还是默然无语，避开了回答。他只是深深地感谢
父亲的慈爱，由于过于感激，泪水像泉水般流了出来。

　　在这以前长七郎去了京都。具体日期不详，但是他从前
一年起并非一直住在京都却是可以肯定的。为了将《春云楼稿》
给鹫津毅堂阅读，长七郎同荣一一起走访了鹫津家里。书的
出版是这年七月，所以可以推想至少是七月上旬以后去京都
的。从桃井仪八的日记里七月三十日访手计村这一条来看，
长七郎去京都至少是八月以后的事。长七郎的京都之行由于
已经知道仪八和自己的暴动计划，所以不单是为了探听上国
的形势，而且主要是为了应长州及其他地方的志士们的邀请，
或者是为了相互约定时间、地点，总之是为了让这次行动计
划更成功地实行而去京都的。水户虽然是德川氏的亲姻藩，
但早已有勤皇的思想，与幕府之间常有摩擦，藩里有一部分

人与反幕府的志士、特别是长州藩的志士们关系密切。袭击安藤阁老的最初计划就是长州的桂小五郎、松岛刚藏、周布政之助、宗户九郎兵卫和水户的西丸带刀、岩间金平、野村彝之助等人共同商议的结果。他们之间像多贺谷勇这样的志士甚至当上了长州藩家老毛利内匠的门人，所以说与水户有联系的新五郎和长七郎同时也倾向于长州是不足为奇的。

这一年长州势力剧增，以至于要拥立一些尊皇攘夷的公卿名流而挟天子征讨幕府了。这种情形下长七郎无疑是满怀着希望出发到京都的，可是到了八月十八日，反长州的各派势力又联合起来。堺町门的长州警卫队被驱逐，会津、萨摩兵士实行政变，以长州为靠山的三条西中纳言、三条中纳言等七位公卿落荒而走。形势骤然一变。在此以前，即同月十四日，吉村寅太郎、松本谦三郎等激进党拥立逃亡在长州的中山忠光，率领长州藩士在大和崛起，十七日杀死五条的幕府代理铃木源内，自称有被封为攘夷先锋的密旨。其实这同关东的桃井、尾高等人的仓促计划是一样的，可以推测是长州在背后操纵。十七日的暴动引起了第二天的反长州派的奋起反抗，二十八日纪州藩、会津藩等奉朝廷之命讨伐暴徒，吉村被杀，中山逃奔到长州的大阪藩宅里了。不久又有平野次郎替长州及七卿的势力被削弱感到不平，拥立泽宣嘉卿，勉强在但马的生野起兵反抗，也于十四日被出石的藩兵所讨伐，泽宣嘉卿逃走，平野被囚，其党徒四散逃到长州。

　　长七郎似乎正是在长州得势时进入京都的，可是转眼又看到会津、萨藩的势力得到扩张，攘夷的口号虽然没有变，但是过激的妄举已经得不到人们的支持了。一切都变了，长七郎所熟知的志士们也都不知所终了。

　　在这个时候，荣一在九月十三日晚上和父亲的谈判中得到了父亲的允许，从此可以展翅飞翔。次日便速派武泽市五郎赴京都催促长七郎回家，准备暴动。大家都紧张地忙碌着。荣一到江户与喜作一起联络志士，投宿在柳原的工具匠梅田慎之助家里，承担着运输、调度武器的任务。由于担心买枪支会暴露计划，所以武器仅限于刀、矛之类。这些武器由慎之助通过陆路运往血洗岛，水路运至中濑村的轮渡主石川五卫门的家里，最后藏在尾高家的仓库和荣一家的蓝仓里。石川五卫门这个名字听来有些奇特，没有买枪支也不可思议，但在明治维新前这些也许是常有的事情。

　　据说荣一与一桥家管家平冈圆四郎相识也是这次逗留在江户时的事。荣一的一生是以一桥家族为机缘展开的。如果无缘接近庆喜公的话，不知荣一会是什么样的命运，所以不少人想详细知道荣一是何时、怎样与一桥家族联系上的。根据荣一自己的谈话，是柏木惣藏、川村惠十郎二人第一次带他去平冈家的。另外有一种说法，即喜作与一桥家川村惠十郎有些交往，荣一自然也与惠十郎相识，然后经过惠十郎的介绍与一桥家的管家平冈圆四郎及佣人黑川嘉兵卫、榎本亨造、松浦作十郎等人相识。黑川等人不必细说，平冈圆四郎是荣一在危难中的救命恩人，也是将二人介绍到一桥家，给了荣一以重大转机的人物，所以这里将平冈圆四郎生平做一大概的介绍。

圆四郎是幕府武士冈本花亭的第四子。平冈是借用名。花亭曾任勘定奉行的要职，官至近江守，同时又深通经济，生得眉清目秀，看上去绝非平庸之辈。由于在幕府官场里遭受小人谗言，名义上是与阁老水野忠邦相抗而被免官，其实是他的清高为小人所不容。花亭与矢部定谦、川路圣谟等过从甚密，风骨俊逸，一表人才。圆四郎名叫方中，文政五年（1822 年）出生。出世时眼具双瞳，才敏心高，稍长成后不屑与世俗交往，被众人视为怪物。唯独川路左卫门尉早已发现了圆四郎之才，曾与水户的藤田东湖提及他。后来庆喜进入一桥家时，要求父亲烈公配给一些佣人以侍奉左右。东湖立即向烈公推荐了圆四郎，使其成为一桥家的佣人。这是嘉永六年（1853 年），圆四郎 31 岁。当时的圆四郎打算先学习文武之道，然后经过评定所留役，最终以经济为终生职业。为此，他跟从町方与力中村次郎八学习政治知识。由于这些原因，他不愿成为权贵们的近侍，竭力推辞这一举荐，但最终还是没有推辞掉，只好勉强上任。他性格耿直，举止散漫，不拘小节，充满了豪杰之气。按照小姓的职务，圆四郎早晚要给主人梳发结辫，白天给主人端菜送饭。刚接受这个任务时，圆四郎的举止过于草率，常常将饭勺倒插在锅里忘记还原。庆喜公见此，只好自己拿起勺子端着碗，举止文雅地盛饭给圆四郎看，告诉他勤务员应该如此做才行。从那以后圆四郎才算安心于这一职业了。在那样的时代里能让庆喜公执勺盛饭，可想而知圆四郎是如何的豪放了。在井伊扫部头得势时，圆四郎官微权小，也被贬为甲府胜手小普请，而现在他不仅是一桥管家，而且屡受幕府的嘉赏，成为庆喜公的贴身近侍，春风得意。在这个时候荣一和喜作接近圆四郎正如寒梅沐浴了明星的照耀，而圆四郎自然也希望在这乱世里广招俊士。川村惠十郎并非是一桥家的武士，而是甲府驹木根的关守的儿子，也是圆四郎提拔起用的。还有不少一桥家在关东的领地里的农民也是这样新被起用的。惠十郎将荣一和喜作介绍给圆四郎无疑也是奉命而为的。这样，圆四郎和荣一、喜作经过数次相见后，血气方刚、功名进取心旺盛的荣一决意跟随芳名远扬的一桥家干一番轰轰烈烈的事业。而圆四郎则是慧眼识真金，十分爱护荣一和喜作二人。这也是自然之理。

至今还流传着一段插曲。荣一曾上书平冈圆四郎，其中写道："以一桥家臣之名义供职于贵宅府，本非鄙人之所求，若能以公差之名义出入于一桥家，鄙人则当在危急之时率壮士四五十人以充军务。为此，鄙人可否借用听差的名义行事？"圆四郎听后回答道："待商议后再定。"不久即以其他领地的农民尚不能够适应为由拒绝了荣一的上述要求。这一要求是何时提出来的呢？假定是文久三年（1863年），即荣一计划暴动的那一年，并且暴动是真实的话，那么暴动计划是虚假的。假定两者都是事实，暴动计划确曾有过的话，可以认为是荣一觉得圆四郎对自己怀有好感，因而想借机得到一桥家听差这个头衔，使自己成为一桥家的兵丁。圆四郎之所以没有答允荣一这一建议，是因为不能随便地同意自己主人手下的听差这种人事方面的要求。无论这时圆四郎是否已经知道荣一准备武装暴动，都是如此。总而言之，武装暴动计划和圆四郎之间谁先谁后，谁主谁从，是偶然还是平常，都无从得知。

八月十八日京都政变以后，形势急转直下。十月七日朝廷敕令召见一桥中纳言，即一桥庆喜；同月十日又敕令召见将军。一桥庆喜决定十月二十六日出发，此时一桥家的管家平冈圆四郎、佣人平野内匠、黑川嘉兵卫被赐为布衣被。所谓布衣被是指在宫服外允许套一层狩衣，在当时是晋升的意思。二十二日一桥庆喜在柳营请了假，二十六日出发。为了避开危险，决定绕道海路而不择陆路。十一月十二日进入兵库，同月二十六日抵达京都。不行陆路而选中海路，是因为出发前，即十月二十三日一桥家佣人中根长十郎被浪士刺杀致死。当时的一桥庆喜已经觉悟到不能继续攘夷，平冈圆四郎也自然深知那种逆世界潮流的行为不可能永远继续下去。一桥庆喜和平冈圆四郎等人的这些变化是攘夷派所深恶痛绝的。圆四郎最初也是攘夷派，但早已与越前的桥本左内及其他人结识，通过来往逐渐地从固陋的意见里摆脱出来，不再坚持水户学派的攘夷说，认为要将社会和人心引导到开国的道路上来。因此平冈被攘夷党称为"一桥家狮子腹里的虫""平冈十里痴云合，望断江门第一桥"。"平冈"是指圆四郎，"痴云"是指水野忠德，"第一桥"是指一桥庆喜。圆四郎就是在这样的情形下，跟随这个一桥中纳言，向着山雨欲来风满楼的京都进发的。这时平冈圆四郎特地劝告荣一和喜作随行。这件事听来有些奇怪，却是事实，后来荣一等人以一桥家里人的身份在上京途中平安无事就是由于上述的原因。这时四方志士们都已知道圆四郎放弃了那种愚蠢的攘夷论，而荣一却秘密地抱有攘夷的举兵计划，二人之间存在着明显的差异。在这种情况下荣一问平冈道："若听从尊意，效劳于一桥家的话，鄙人该如何行事？"平冈回答道："就作为我的随从便可。"于是荣一说道："现在立即随行去京都很困难，我打算日后去京都时再借用一桥家的名义。"从上述二人之间的差异来看，这段对话似乎很难理解：如果是没有根据的谣传，那也确有可疑之处，但涩泽家编纂的传记却明确地记载着此事，并且十月十九日，喜作、荣一给新五郎的信中也可推测出此事是十月十九日之前的事。假定不存在这一段插曲的话，就无法解释日后荣一等人去京都时在一桥家受到保护这一事实，所以只能认为这件事是客观存在，并且应该是发生在十月十七日幕府命令一桥庆喜上京之后和同月十九日之前的几天时间里。荣一事先已抱有起义暴动的计划，所以没有听从圆四郎的意见；而圆四郎可能事前知道荣一等人的计划，或略有觉察，而有意讲了这番话也未可知。总而言之他清楚地知道血洗岛的志士们拥戴一桥家族，又对自己怀有好感。

弄清楚平冈圆四郎劝荣一同去京都的日期和尾高长七郎回血洗岛的日期，对解释这段时期发生的事是有很大帮助的。遗憾的是只知道这两件事都是十月下旬里发生的，而无法得知更详细的日期。按照《雨夜谭》的说法，长七郎回乡是二十六日，而荣一参加尾高氏追悼会时的谈话应是二十八日，在新五郎家讨论是同月二十九日。按照这个说法，平冈与涩泽会谈是在这之前。那么二十六日到二十九日前的几天里，长七郎和荣一等其他人没有会面。总之荣一等人是二十九日在新五郎家的二楼集合开会的，参加者有东道主新五郎、长七郎、荣一、喜作、中村三平五人。关于暴动的话题最先被提了出来。刚从京都返回血洗岛的长七郎列举了十津川事变、五条兵变等事例，认为前车之辙不可重蹈，荣一立即反驳了长七郎这一观点，两人争持不下。双方愈争愈烈，互不相让。虽然长七郎的意见居少数，但是言之有理有据，加上争论时十分激动，泪如泉涌，竭力阻止实行暴动计划，于是新五郎改变了初衷，众人也随之放弃了长久以来准备的宏大计划。

这次的暴动计划及其中止对荣一来说是一个极其重要的人生转折点。从不同的角度评估这件事会有不同的结论。首先中年以后的荣一和这个时候作为暴动计划的发起人之一的荣一之间简直判若两人。那个时候正是他血气方刚的年龄，在时事多变、沧海横流的时代里，英雄人物常常不安心于静观等待，而会受到各种不同的刺激，引起冲动。荣一正是受到了这种刺激才如此行事的。如果这样解释的话，荣一的行为又是最普通、最合乎逻辑的了。问题是暴动计划的中止不是在荣一同平冈圆四郎会面商谈之后，而是在长七郎由京都返回家乡，说明京都的形势以后大家才同意中止。其实平冈跟随一桥去京都是在京都形势变化之后的事。长七郎对荣一等人说的京都形势在平冈劝说荣一同去京都时，荣一等人便已经从平冈那里听说过。这样说来，荣一等人听了长七郎的建议而中止了暴动，或者说是在相互争执不下的情况下勉强同意了中止暴动计划这件事即使是事实，从前后关系来看也难以解释。从个人性格上来分析，长七郎在此之前曾经拥立轮王宫强行暴动，尽管这是受了多贺谷勇的指使，还是看得出来他是有勇无谋的人物。按理说长七郎才会在敌强我弱的情况下主张暴动，而荣一与平冈这样的深为水户过激派及浪士所忌恨的人物过从甚密，加上本来就善于妥善合理地处理事务，在这种情况下倒有可能坚决主张中止暴动计划。然而事实却完全相反，荣一等人经过激烈的争辩之后好不容易才同意中止暴动计划。总之没有实行这一计划是天助之力，否则荣一等人必然会背负着草贼暴徒的污名而被近邻的藩兵所除掉。

　　风卷枯枝，落叶也应风而起；一旦风止枝静时，落叶也随即落到地面上来。在这以前的荣一正如空中飞舞的落叶一样，被多变的时事驱使着，忧国忧民，为此而企图做些过于唐突的事。当他一旦觉悟到自己的行为之荒唐时，一定会有一种从空中跌落下来的失落感，随之而来的就是觉察到自己曾无所顾忌地为暴动而四处奔走。这会给周围的人带来什么样的想法呢？当时社会上一方面存在着一批仁人志士，或多或少地进行着反幕府的危险行为；另一方面又存在着不少称为八州取缔的侦探，他们正张牙舞爪，虎视眈眈。这时的荣一心情不再那么狂热，头脑变得清醒起来。他立即意识到了一种逐渐靠向自己的危险，即由于非法行为的嫌疑而被逮捕。如果这样，那就是毫无申辩的余地的。考虑到这些，荣一觉得继续居住在山村里像过去一样生活太危险，自己既然已经从父亲那里求得了一辈子的行动自由，干脆走出山村，浪迹天下，奔向风云中心京都，与四方志士结交，等待世道的变化。于是他假借参拜伊势神宫的名义，从父亲那里要了100两银，并且承认自己为暴动花了150两银。准备就绪以后他就同喜作一起从新五郎家里出发了。按照一般的说法，一个农民青年花了家里一大笔钱，又将刚娶的妻子抛在家里而漫无目的地离家远游，这种做法不能算作是一个农民家庭的好青年。可是荣一平时为人慎重，这次出发前得到了家里人的充分的信任，所以父亲和妻子都高兴地送走了他。就这样，荣一和喜作于十一月八日为了寻找人生中的新的命运之光，开始了漂泊不定的生涯。

第二章

幕府时期

一桥家臣

尾高、涩泽的计划以流产而告终。与此相连的桃井一党也遭到相同的命运。这同样是长州的势力遭到挫折之后的事。大凡武力行动并非仅有武力就能成功的，而必须有相应的财力和人力。这时长州的援助已经难以运到，按照原计划已经不可能实行了。尾高、涩泽方面又逐渐失去了联系，岩松满次郎也不辞而别，桃井等人已经走投无路，只好在这年的十二月投案自首。这件事的经过现在仍记载在《可堂先生事迹》一书里。

另一方面，荣一这时已经完全成为一个时代的逐浪者。荣一已经知道平冈圆四郎跟随一桥公取道海路上京的消息，所以和喜作一起来到了一桥投宿的寓所。荣一提出借平冈家侍从的名义保证身份安全的要求。当时圆四郎正巧不在，其妻子说道："我已经从家主那里听说过此事了，立即照您的吩咐去办。"说完便办理了荣一和喜作的手续。具体是什么样的手续不详，但是在这之前平冈圆四郎已经采取了措施使之合法化。看来早在十月十九日之前平冈圆四郎的心里就有了他二人了。由于身份地位相近的缘故，平冈圆四郎是荣一年轻时结识的上层人物之一。与他结识不知给荣一的命运以多大的改变。无论在人生的道路上还是在思想上、见识上，荣一都从平冈那里获益匪浅。依照围棋之道，棋逢高手会给自己带来极大的进步。德川家康遭遇到武田信玄是一个决定性的人生机遇，何况平冈圆四郎不是荣一的敌手，而是提拔自己的恩人。这件事对荣一来说简直是受恩惠于天。当德川氏地位摇摇欲坠时，其积德的报应犹在。当时有二位良臣辅佐着德川氏这栋欲倾的大厦，不至于遭遇到丰臣秀吉的命运。其中一人是藤安房，他竭力抑制住要横扫江户的萨摩藩；另外一个人是辅佐一桥庆喜成为最后一代幕府将军的平冈圆四郎。在德川庆喜失意后，使他重新恢复高爵尊位、安享天年的当然不只是荣一一个人，但至少应该说是荣一起了主要的作用。人的命运真是变幻莫测！

十一月二十五日荣一一行到达京都。第一件事自然是拜访圆四郎。一桥庆喜取道海路，于十一月二十日到达兵库，二十六日入京都，投宿在东本愿寺。这时荣一也正好进入了京都，就像是平冈事先安排妥当了似的，而且荣一与喜作二人下宿的旅店恰巧也在离东本愿寺很近的珠数屋町。除了与一桥家交往以外，荣一还时常与壬生藩的松本畅及其友人、医生铃木瑞真、岩佐玄策、还有赖支峰、越前藩的松平正直、备前藩的花房义质及许多有志者来往，观察国家形势，还参拜了尊皇攘夷派中流行的伊势神宫等。人们不知不觉地度过了年末。

第二年是元治元年（1864年）。初春时荣一将寓所迁移到三条小桥的一个叫作茶久的旅馆里。这是因为一桥公及其一家也迁到了三条的若州藩官邸里。从开始离开血洗岛以来的一系列的行踪来看，荣一明显地与平冈有某种密切的联系。喜作和荣一在这段时间里注视着时局的变化，将种种信息报告给东边的新五郎，又不断催促长七郎西上京都。长七郎本来就不打算长期地隐遁在偏僻的山村，所以在正月里与中村三平及涩泽家的亲族福田滋之进一起向着江户出发了。中村三平就是前面提到的在尾高家楼上围绕举兵计划争论时在座的一个人。长七郎一行三人来到户田时，由于一个偶然的原因，长七郎突然精神失常，刺伤了一个过路的行人。这件事传开后，长七郎被幕吏抓起来，关到了江户传马町的牢房里。如果长七郎真是精神病发作，那当然无话可说，但长七郎早就是暗探幕吏们注意的对象，是一个随时可能被抓起来的、具有异端思想的危险分子，因此长七郎刺伤的那个人也有可能是因为偶然失言而惹恼了长七郎以至长七郎失手将其刺伤也未可知。中村、福田二人也被投入监牢，同样是因为他们是当时的幕府小吏的眼中钉、肉中刺。不巧的是，这时长七郎身上正好怀有荣一与喜作二人将京都消息传给长七郎并泄露对幕府统治不满情绪的书信。这封信当然被幕史们所搜获。长七郎意识到了自己的危险会给荣一和喜作带来什么样的后果，于是在监狱中写信给荣一，告诉他事情的原委。荣一和喜作在二月上旬接到这封信后不由得吃了一惊。从这件事来看，似乎长七郎进了监狱以后立即恢复了清醒的头脑。如果说长七郎突然发病不足为奇的话，那么其治愈之迅速则是不可思议的。一个犯人为了营救同志而写密信，并且成功地送出监狱，传到遥远的京都，这又不能不说是奇而又奇的事，收到了奇迹般的效果。这封通报险情的信很可能是中村、福田二人中的一人发出去的。根据荣一的谈话，这件事应当是长七郎由家里出发去江户的途中发生的；而根据新五郎的谈话，是福田滋之进奉命去江户接长七郎回手计村的归途中发生的。荣一的回忆里并没有说明具体的日期，只能判断大约是正月里出的事，但是《蓝香传》里则写着：这天是三月二日。时过境迁，如今已无法查出确切的日期了。长七郎字东宁，文武双全，剑技无敌。可惜的是后来虽然被兄弟新五郎营救出狱，却久病不起，英年早逝，卒时仅 32 岁。

荣一和喜作得到这一消息后，恨不得立即飞到江户去救出长七郎，然而实际上这是不可能的。因为他们自己此时的处境也很危险。荣一想逃到长州暂时投奔到多贺谷勇处，又觉得跟着他前途渺茫，辗转反侧、彻夜未眠，也没能想出一个万全之策来。

　　第二天清晨，突然有人来报信，说平冈要召见二人。一到平冈处，荣一就感到今天的气氛与往常不一样，平冈开口便说道："想必你们是在关东时有过什么轻浮举动吧！幕府已经传来了照会。快如实地告诉我，以便我妥善地处理这件事。"见此，荣一与喜作知道已无申辩的余地，于是回答道："昨夜刚收到一封信，说是我们的朋友中有人被捕入狱。"平冈问道："这些朋友是什么样的人？"荣一答道："都是忧国忧民的仁人志士，其中一人是剑道教师、我妻子的兄长。"平冈道："不会这么简单吧？肯定还有些细节没有说。"荣一答道："除了我给朋友的书信中写了一些攻击幕府腐败的话以外，没干别的什么事！恐怕就是因为这些激烈的言辞而得罪了幕府。"平冈听后仍然不放心地问道："除了在信中有针对幕府的过激言词以外，再没有其他别的什么举动了？比如行刺之类的？万一有，则尽早说出，免得今后引起更大的麻烦时不好办。"荣一本来就没干什么事，所以坦然地答道："在下绝对不会去干那种违法的事情的。"听了这番话后，平冈才没再问下去，说："这件事就到此为止。那么今后二位有何打算呢？"听得出话中含有同情的意思，荣一他们又正处于走投无路的境地，只好说："我二人纵然有尽忠报国的理想与抱负，可事到如今，进退两难，不知如何是好？"平冈随即接口说道："你们二人的处境我完全想象得出。眼下是否乐意屈尊去当一桥家的佣人？一桥家与其他诸藩不同，完全依靠幕府的俸禄过日子，颇有些寄人篱下的味道。家里的佣人、帮手均由幕府安排。鄙人虽然官卑职微，也算是作为幕府的一员被委派到一桥家的。一般不太从幕府以外的地方新招人。你们二人平时抱负远大，若有为一桥家做事的愿望，我将尽力成全此事。二位是读书人，自然清楚如今虽有满腔热血，也难以改变国家的现状的道理。一桥公是位贤明藩主，与现在幕府的官僚不能相提并论。但目前在一桥家恐怕难以得到官职，二位如肯屈就当下等的佣人，我会竭力帮助的。"听了这番话，荣一、喜作二人忙连声称谢，说回去商量后再做决定。说完后便起身回家了。

比起荣一来，喜作更为倔强。他认为自己过去曾一直坚持反幕府的立场，而现在却为幕府的一个嫡系家族一桥家服务，于情理所不容；而荣一却反驳道："现在的情况下我们还是去做一个一桥家的佣人为好。"最后二人同意完全按照平冈的意见将身份改为一桥家的佣人。于是二人相商将意见书写好上呈一桥公，然后又一次受到了平冈的召见。在谈话中，荣一、喜作二人恳求道："即使尊意不允许，也愿意借机表白自己的心愿，以求日后的机会。"平冈见此，便替二人出策道："你们二人可以故意在一桥公骑马途中露面，让他看见你们时询问是何人。"按此计策荣一便在下加茂河边等待一桥家的出现，当看到一桥的马时，便急速地从河畔跑向山脚。这样地过了一两天，终于引起了一桥公的注意。也许是他们书生气十足吧，总之有了一个机会与一桥公见面并表示了自己的意愿。

上述的记载全是根据荣一的谈话。关于他们如何的成为一桥家佣人的经过从这里可以窥见一斑。荣一等人收到了长七郎的书信及江户衙门传来关于二人的调查等细节虽然难以置信，但是在进退无路时受到平冈的帮助而成为平冈家的佣人这件事却是事实。荣一正式受命成为一桥家佣人是此后不久的二月，所规定的名衔是"奥口番"，食禄四石一升，此外还有在京都逗留的津贴费用四两一分金。所谓"奥口番"就是指内房门口的值班人，也是表示身份从属关系的名称，在诸藩里常有留守居役所，即外务办公室式的接待所。荣一就在这个接待所里供职，并且在接待所的外侧借了房子作为二人的寓所。据说房间有两间，各是八叠，此外还有厨房。二人在这里过着简朴、自炊的生活。荣一、喜作二人虽然来自农村，也算是大家庭出身的青年人，平时从没有自己动手做过饭，所以二人相互讥讽对方烹调手艺低下，就这样送走了一个又一个的朝夕。

尽管二人的享禄微薄，但他们还是厉行节约，以偿还借款。荣一从家里出来时从父亲那里要了 100 两银，在江户及去京都途中，参拜伊势神宫时用去一大半，还要与友人、志士们交往，在京都又逗留了两个月，所以手头没有钱是可以想象的。

于是荣一从一个较熟的一桥家里的佣人那里借了25两银，现在须还的就是这笔借款。在荣一自己的回忆录里记载着这件事。虽然是一件琐事，但他自己却印象很深。当时的志士多半为人豪爽而不拘小节，而荣一却如此细心、认真，正说明了他日后作为一个实业家为时代做贡献的必然性。据说借钱给荣一的人叫作猪饲胜三郎。25两银在当时不是个小数字，荣一能从非亲非故的人那里借到钱，可见他在进入一桥家之前就已经和一桥家的人有着比一般志士、朋友的交际更进一层的关系。这一点如果与以平冈佣人的身份旅行上京，又特地在珠数屋町租下小屋，不久又随平冈迁到三条小桥等结合起来考虑的话就更清楚了。

四月十七日，荣一、喜作二人由奥口番晋升为御徒士。这仅仅是身份的改变，干的活仍旧是外务接待所里联络、调查等的记录工作。这个时候荣一的名字被改为笃太夫，据说是按照平冈圆四郎的意见而改的。当时如果下属、佣人与主人同名或者同音的话，直呼其名便会犯忌，所以一般都必须改名。但一桥家族中找不到与荣一相同的名字，所以也可能有其他的原因。正如苏老泉给二子起名的故事里所说的那样，荣一自己并不愿意改名，只是服从圆四郎的命令而已，后来又恢复了旧名。

这一年的二月传说欧洲诸列强即将进攻长州，以报前一年五月之仇。军舰奉行胜麟太郎及长崎奉行服部长门守向幕府奏道：此说不可不信。加上兵库县也即将开放港口，于是朝野上下纷纷议论起摄海防卫的话题来。岛津大隅曾任参豫，自称向来对海岸防卫颇有研究，并且指使萨摩藩士折田要藏拿出具体的对策。为此一桥中纳言、板仓阁老等其他要人在二条城花费了一整天听取意见。折田口若悬河，煞有其事地主张在安治河口处的天保山、与此对峙的岛屋新田、木津川口等14处设立炮台，每处约需要1000两银。这些言词迷惑了不少缺乏经验的人。最后幕府决定拨给一些扶持的费用，任命折田为御用炮台场筑造官，命其立即在大阪开始工程。

这时岛津以折田的主张为根据，再三地论证防御侵略的必要性，俨然一副即将就任摄海防卫重任的样子；而萨摩藩的真实用意不知何在，如果将此要职交给京都附近的非嫡系藩镇，恐怕难以预测将来会招来什么样的后果。平冈圆四郎考虑到这些，立即在皇室公卿各处活动，说明了其中的利害关系。最后朝廷决定任命一桥庆喜为禁里御守卫总督、摄海防卫指挥。

在这同时，平冈又秘密任命荣一伪装成御用炮台筑造官折田要藏的弟子打入其内部，跟随折田要藏一起去大阪，以观察其动静。为了从表面看来是出自内心而不引起折田的怀疑，荣一通过小田井藏提出了想作为塾生跟随折田学习筑城技术的要求。这个小田井藏是川村惠十郎的相好，与折田关系甚密。与此同时，一桥家也派人过来打招呼：荣一是我家的佣人，请放心地教授他筑城术。折田满口答应了这一要求。这时是四月初，即荣一进入一桥家担任闲职仅两个月的时候。在折田家，荣一虽然被称为内弟子，其实并没有什么严格的学习计划，仅仅是一些绘图或抄写之类的工作。荣一从没有干过这种工作，所以线条画得粗糙，常有返工品，也常挨骂。在这样的过程中，荣一逐渐掌握了绘图技术，还常常替折田跑腿。折田家的人全是萨摩人，荣一的地方口音又很浓，出去与别人聊天也找不到合适的人。因此他经常被命令去大阪町奉行或者其他地方联系某事。他也便随叫随到，起了不小的作用。折出本来是个草包，外强中干。他在居住的大阪土佐堀的松屋门前挂起招牌，写上"摄海防卫御用炮台场筑造折田要藏"等字，并且在进门处张起大幅紫色彩布，以夸示自己的地位。尽管他有时也向岛津提出些建议，有时向西乡隆盛通信，但并不被人认为有真才实学。在隔壁房里住宿的萨摩藩士中，有后来成为明治政府警察总监的三岛通庸、海军卿的川村纯义、日本铁道会社社长的奈良原繁，还有中原直助、海江田信义、内田正风、高崎五六等人，荣一也看出来三岛、川村等人并不重视折田，觉得再待下去也没有多大益处，到了五月就离开大阪回到京都，向平冈报告了所知的情况。

这一个月里，荣一所观察到的有关萨摩藩的情况对平冈圆四郎有很大的参考意义。当时萨摩藩和会津藩看起来都站在德川幕府一边，其实萨摩与会津之间有很大的不同之处。

藩士们不仅内心里充满着反对幕府的主张，而且都在纷纷议论具体的暴动方法、顺序、策略及手段。如果平冈能多活几年，也许会及早采取措施逐一地对付的，也不至于到后来那些藩士联合萨摩藩主共同对抗德川幕府了。这且搁下不谈，至少那个徒有虚表的折田没被重用是荣一的功劳。后来萨摩人士多半身居要职，而这个折田仅仅是凑州神社社司，由此也可见折田不是个踏实有为的人。

一桥庆喜虽然身居要职，但家境仍然如先前一样，没有多大的变化，位高禄低，手下实力远不如其他的大藩，家中的士卒也不足。于是五月荣一从大阪返回京都不久，就接到了平冈的命令，让他立即出差前往关东，从一桥家的领地及附近其他邻村招募一批甘愿接受低禄微职条件的优秀人才。这个念头也许过去早就有过，也许是平冈采纳了荣一等人的建议。总之荣一和喜作能承担这一重任充分说明二人的才能得到了平冈的承认，获得了他的信任。荣一、喜作二人踊跃接受了这一任务是出于以下考虑：一来可以从曾经千叶、海保的同窗里挑选几个人，二来可以借此机会召集曾参与起义计划的同志，并伺机救出长七郎。

出发的那天，平冈以散步的名义先去近郊的山科、蹴上，设宴为荣一二人饯行。席间平冈反复交代了此次关东之行应注意的事项。荣一和喜作是后生晚辈，平冈作为朝廷重臣，自然不便于在大庭广众之下为他们俩送行。特意这样安排一番表明平冈非常器重荣一和喜作二人的为人，充分相信他们，同时也可以使二人招募的工作更加名正言顺，二人自然也会对平冈感激不尽。平冈圆四郎礼遇门下，招揽贤士的美德真是令人叹服。这个特点后来也成为荣一的优秀品质。

荣一、喜作二人来到江户后，就住到一桥家枪炮队调练头榎木亨造的浅草堀田原的家里。安顿下来后就去一桥家，向留守的人员说明来意，然后又到小石川原町的地方役所，与代官会见，商谈了招募路线。这时的荣一已不再是血洗岛村的一个普通的农民，而是一桥家的侍从，并且身上带有黑川嘉兵卫的亲笔信，所以想以此身份设法救出长七郎。荣一多次伺机与幕府勘定奉行都筑骏河守、勘定吟味役小田又藏等交涉，做了各种努力，都不见效果。只因为长七郎被逮捕时是在伤人现场，众人都清楚地看见了。于是荣一只好另择机会，暂时集中精力招募人才。

一桥家的领地分散于关东和关西。关东领地有武藏国的埼玉、下野国的芳贺、盐谷二郡，总共不过 2.3 万石的领地。荣一在这一带巡回地招募农民，同时心里还想着从千叶、海保的同窗中挑选出合适的人才来。可是在这年的二月末到三月初里，水户的藤田小四郎一党及其标榜攘夷的党徒们推举素有众望的水户町奉行田丸稻之卫门为首举兵起义，一时声势大增，起初据守筑波山，然后移至日光山，向四方散发檄文，招徕同志。四月屯兵于太平山，五月又重新登上筑波山，其间威慑小藩，平诛富豪，公然以武力为所欲为。同时还有足利的西冈邦之助，结城的昌木晴雄等相呼应。常陆、下野及下总一带动乱不安，骚乱不绝。这正是前面所提到的桃井、尾高、涩泽等人所计划过的类似的行动。荣一所熟知的有骨气的青年多半被暴动所吸引，尽管如此，荣一仍设法按预想的那样广招贤士。江户有剑客闲中隼太、儒生白井慎太郎，水户有穗积亮之介、姻亲须永於菟之辅等10余人，各郡村庄里有农民壮丁40余人应募。荣一原来还想招募曾经共同为国事奔走、志同道合的宇都宫藩士冈田慎吾、下野真冈的川连虎一郎等人，因为一些原因而没有实现。就在荣一专心于招募人才的时候，尾高新五郎被筑波山一党，即水户的田丸和藤田等人招去。荣一虽然没有与他积极联系，但多少受到牵连，被人认为是浪士的同党；联系到冈部藩牢狱里的犯人，荣一二人逐渐失去了工作的方便，行动也越来越不自由了。然而这个时候给荣一以最大打击，使他茫然不知所措的是平冈圆四郎于六月十六日在京都被刺死的噩耗。

平冈圆四郎之死

尽管在乱世里刺杀和被刺杀是常有的事，可是平冈之死还是给了荣一以极大的震惊。使荣一由幻想的世界走向现实的世界的是平冈，现在的工作也是在平冈的领导下进行的。这个重要人物忽然离开人世，对他来说，正如车轮突然失去了车轴。人生的命运如此变化无常，这使荣一得到了观察人生的一个新观点、新知识。平冈跟随一桥庆喜十余年，真是名副其实的帷幄谋臣，使庆喜获得贤名，得到朝廷和社会的信赖，并且作为禁里御守卫总督、摄海防卫指挥，在乱世中被视为中流砥柱，这固然是由于庆喜的英姿才华，同时又多半是平冈圆四郎献策的功劳。平冈表面上看起来极其平凡，实际上是萧何、张良一类的人物。这从平冈在世时，庆喜的命运多半是吉祥亨通这一点中可以推测出来。平冈最初与庆喜一样，都抱着攘夷的志向，后来逐渐了解了世界形势及国内的实情，放弃了缺乏眼光的浅见，主张先治内，将各种矛盾关系处理好。这样一来平冈就被那些死抱住攘夷观点不放的保守派视为密怀开国论、迷惑一桥庆喜的奸贼。还是在前一年的夏秋之交，荣一在江户出入于平冈家的时候，有次同水户藩士三桥饮酒，席间那人求荣一介绍他结识平冈家，以伺机刺杀圆四郎。荣一巧妙地拒绝了这个要求，事后将此事告诉平冈圆四郎提醒他注意。据说喜作也有同样的经历。这件事既说明了平冈与荣一二人之间早就有了密切的联系，又说明了平冈早已被水户的守旧派所忌讳。平冈早已与守旧派之间如此水火不相容，反而说明他的确不是个简单人物。自从平冈跟随主人西上京都以来，庆喜的威望与日俱增，朝廷和幕府之间相对立的关系逐渐消除，诸公卿及萨摩、越前、土州、宇和岛等藩州也逐渐与幕府联系起来。作为庆喜得力助手的平冈，在这些工作中发挥了巨大的作用。当时流传着这样一句话：天下大权应在朝廷却在幕府；应在幕府却在一桥手中；应在一桥手中却在平冈的掌上。这话当然是反幕府方面讲出来的，却足以推测平冈在一桥家的势力有多大了。五月十五日平冈又被提升为一桥的家老，涩泽荣一和喜作二人也是在这时被派往关东的。自去年以来被迫龟缩静观的反幕府派和攘夷派这时又开始复活，频繁地制造出各种流言，寄送恐怖信；或者杀戮地方官吏，伪称是天诛。在关东，水户浪士们在筑波山、太平山构筑据点，气焰嚣张，颇有与长州势力一脉相通的嫌疑。在京都，反幕府势力于五月二十二日杀死会津藩松田鼎，悬首示众；长州藩士们纷纷乔装打扮，潜入京都一带，散布流言诽谤朝政，恐吓百姓。六月四日发现大批武器弹药及秘密书信，揭发出一个企图乘风火烧御所及中川宫，在中川以及松平肥后守拜见皇室时袭击他们的计划。这是四条小桥古董商喜右卫门，即志士古高俊太郎假借幕府之手的阴谋。由于阴谋败露，参与叛乱的一伙人决定乘六月七日祗园祭人群混乱之机发难。于是第二天，他们在三条小桥的旅店池田屋里秘密聚集，商议行动计划。就在这个时候，幕府方面的会津、桑名、新选组等勇士70余人突然出现，袭击了会场，将宫都等三人斩首，捆缚了其中10余人。这就是所谓的池田屋骚动事件。这一下激怒了反幕府的志士们，他们归怨于一桥庆喜，一时流言蜚语不胫而走，气氛顿时紧张起来。

池田屋骚动事件完全不是平冈圆四郎策划指挥的。然而反幕府派的憎恶、怨恨的子弹已经集中于一桥家，平冈就不可避免地成为众矢之的。实际上想除掉平冈的人早已大有人在了。平冈确是敌人的一大忌物。水户过激派已经冒着生命危险，以武力盘踞在筑波山，现在长州又丧心病狂地活动起来。水户虽然是德川氏的亲藩，但正如前面所说的那样，长州和水户的藩士之间有些人相互勾结。六月五日以来，长州藩形势越来越紧张，长州藩留守官乃美织江调来武装力量守卫官邸。在这种剑拔弩张的气氛中，平冈于十一日被太夫任命为近江守卫官。此后不久，即十六日晚上，他同川村惠十郎及两个侍者一起去一桥家家老渡边甲斐守的家，返回的途中，突然遭到埋伏在暗处的一个暴徒的袭击。圆四郎当场死亡，两个侍者也被杀死，惠十郎虽然也身负重伤，但支撑着身体打跑了暴徒。那个暴徒逃至千本路时就倒地而死。这个人不是别人，正是水户藩里一个叫作林忠五郎，又叫江幡贞七郎的人。关于平冈被杀的原因，还有一个说法，即是水户志士们逼迫水户出身的原市之进说出一桥不执行攘夷路线的真实原因，原市之进回答道：那是由于平冈是一桥的贴身近臣。于是水户的藩士们才决定杀掉早已被视为眼中钉的平冈圆四郎。这个传闻仅仅是人们在事后制造出的一个理由而已。原市之进并非是为逃脱责任而嫁祸于人的人。平冈死后，原市之进成为一桥家的柱石。荣一给平冈下的评语是：平冈为人豪爽而口快，遇事喜好快刀斩乱麻，为此而时常委屈下人，招来怨恨。荣一显然是出于吸取教训、加强修养的目的来看待平冈的悲剧的。世界上总是有些人，即使是贤明的人，也常常以法官自居。这种人在错综复杂的事物面前，会突然做出超乎寻常的裁决，并敢于执行这个裁决。不幸的是平冈恰好属于这种法官式的人物，或者说是裁决的执行者。

平冈给荣一的命运带来了重大转折，同样平冈的死也给荣一的命运带来了重大的转折。这时还远在关东的荣一急于返回京都，甚至都来不及见一面刚被冈部藩释放的尾高新五郎的面都来不及见，只是在妻沼这个地方与父亲及喜作的父亲秘密相会后，便于八月四日赶到了江户。他之所以这样做，是因为冈部藩正在监视自己，弄不好连父亲妻子都会受到牵连。这时候的京都，长州藩由于池田屋骚动，势力受挫，于是长州藩的真木和泉、久坂义助等人企图以武力恢复长州的旧威。同时福原越后、国司信浓等人与堂上方这些同情长州的人相串通，意欲强行进攻禁阙。形势紧迫，刻不容缓。一桥庆喜果断地扫除了这些势力，这就是所谓的蛤门兵变。长州虽然兵败，形势一度缓和，但在战乱中毁于兵火的普通民户达4万余，成为罕见的灾难。在江户的荣一和喜作这时也是思绪万千，他们在尽力招募兵丁的同时，还设法营救长七郎。此时的社会已经是非常时期，无法救出长七郎，最后他们在九月初率领志士 10 余名、壮士 40 余名离开江户，经由中山道上京。他们在途中一个叫作深谷的村子里与新五郎相会，然后在相邻的宿根村里的远房亲戚家里荣一会见了久候在此的妻子及 2 岁的儿子，并且安全地通过了冈部藩设的哨所，于九月十八日到达京都。

平冈死后，荣一、喜作二人真好比是失去了车轴的车轮。平冈的后任黑川嘉兵卫虽然不具备平冈的俊才，却是个遇事唯求四平八稳、因循守旧的人。荣一、喜作回京都后，黑川照例犒劳、安抚了他们一番，并勉励他们继续忠于职守，还询问了关东的形势。也许平冈在派遣二人远赴关东时就已经打算通过二人观察江户、水户及关东志士的情况。这时不仅是黑川询问，几天后一桥庆喜也仔细地询问了这些情况。荣一、喜作二人将江户、水户的形势，筑波一党的进退攻守，追讨队伍的行动路线等情况逐一做了报告，受到了嘉奖。有关荣一的其他传记资料中都记载有这时荣一还进谏一桥庆喜实行攘夷路线的事项。这一年给尾高新五郎的书信里也反映出他仍然抱有攘夷的观点，从他一贯的行为来看，荣一具有攘夷观点也不足为奇，只是一桥庆喜和平冈已经认清了世界大势，心里明白了攘夷道路走不通的道理。这时候的荣一对此应该略有所知，与其进谏攘夷策，倒不如就筑波一党的问题有所进谏。荣一过去的旧友参加了这一个行动，他自然会寄予同情；可是这个集团现在与一桥庆喜的敌人长州藩遥相呼应。一桥庆喜曾经站在水户革新派一边，自身也与革新志士有过不即不离的联系。面对这样的错综复杂的事态，荣一当时是什么样的观点，已经不可能知道了。

筑波山党的反叛

这一年十一月，四处流传着水户的武田伊贺守、藤田小四郎等人集结一党，企图率兵由美浓路进入京都的消息。关于武田、藤田一党的是非功过，由于包含有错综复杂的因素，难以简单地叙述其原委，使读者充分信服。关于一桥庆喜对武田一党的处置也难以客观地评价。概括地说，水户藩内自从文化、文政年间以来就分为两派，相互争执：其一是藤田东湖等人所属的尊皇改革派，其二是市川左卫门等人所属的主张门第观念的保守派。改革派欲尊皇必然要攘夷，攘夷必然要与长州相联系；保守派出于门第观念必然要串通幕府，站在反改革的立场上。这两派以水户及江户小石川官邸为中心，相互争夺权力，钩心斗角。加上水户先主，中纳言承命封锁横滨，幕府经常扶植保守派；保守派经常借幕府的力量打击对方；反幕府派则暗地里与长州相互密通……这些外在因素客观上加深了矛盾，最终导致了可悲可叹的结局。这就是耕云斋队伍的西上京都。

武田伊贺守开始竭力制止藤田小四郎与长州桂小五郎串

通举兵暴动，小四郎没有听从他的制止，反而致书老中板仓周防守，又致书给因州、备州藩主，决意实行攘夷的过激行动。这样一来，在江户的水户藩官邸里掌握着大权的伊贺守等人将他视为暴徒同党，反倒被市川派乘机利用。与此同时，水户的藩主、中纳言也逐渐转变为因循守旧的立场，六月九日命令川越等十一藩出兵镇压筑波山一党。筑波山一党举兵起义的最初的目的是正义的，但后来军纪松懈，不但随意征收军饷，而且还胁迫小藩筑城。市川派于七月六日与藤田小四郎激战，次日夜晚遭到惨败。幕府方面的永见贞之丞只身逃往江户。幕府见事到如今，不采取措施解决不了问题，于是派遣田沼玄藩头为将军目代，编成讨伐军开向筑波山，八月在市川派的欢迎声中进入水户。在这个过程中，由于种种复杂的原因，最终形成了为正义而举兵的筑波党与背后有幕府撑腰的市川派之间的党争形势。在这种情况下，加入筑波山一党的各地志士们开始分散隐蔽起来。这时松平大炊头以水户主公、中纳言的代理官的身份，率领伊贺守等企图从江户进入水户，却遭到了市川派的阻击，双方展开了激烈的巷战。大炊头考虑到应尽早结束骚乱，将实情向江户报告，于是把队伍带到了幕府代理官户田五公的住所。可是田沼玄藩头骄横无比，完全不理会松平大炊头的辩解，将他扣押、软禁起来。到了十月，幕府以对朝廷军队无礼的罪名命令他剖腹自杀。这时伊贺守等人如果不放弃自烈公以来一直坚持的尊皇攘夷的主张的话，摆在他们面前的只有两条路可走：一是向自己主公、中纳言所在的水户城发动一场必败的战争；二是向天下人申诉大义，像大炊头那样无所畏惧地挑选死路。事到如今，起先并非是筑波暴乱的发起人的伊贺守只好率领筑波一党，暂时退至常陆、下野，然后于十月二十三日踏上西征的路程。这时的伊贺守已经下决心将事情的原委向禁里御守卫总督一桥庆喜说明，并向朝廷奏闻，生死任凭裁决。这实际上意味着田丸稻之卫门、山国兵部和藤田小四郎等800余人向着四面皆敌的、死亡的区域进军。伊贺守被幕府剥夺官位，其他人自然成为不义之师，更加陷入了困难、被动的境地。在途中，他们与奉有幕府之命的黑羽、冈部、高崎、松木、高岛诸藩的军队交火，突破了包围，到达了美浓路，经过一个月余的跋涉，于十二月十一日到达了越前的国新保驿。

如何处置这件事是个极其棘手的问题。不仅对武田伊贺守是这样，就是对水户、对幕府及一桥，以及对朝廷来说都是这样。如何处置才能既合情又合理，立场不一样结论也不一样。从幕府方面来说，藤田小四郎等人是制造骚乱的暴徒，并且已经派兵镇压；对一桥庆喜来说，虽然过去与伊贺守等人有较深的交谊，也认为他们起义的目的有其正义的一面，但也不能收留这个不速之客；对朝廷来说，这年五月因州松平相模守、备前松平备平守曾上奏，说田丸、藤田等人诚志可嘉，应该使之成为现实。所以简单地视之为残暴的不义之徒难以令人信服。而眼下最头疼的事是,正在举棋不定的时候,这群"不义之师"已经出现在近畿的近郊。比起辩明是非善恶,更重要的是必须尽早应付他们。一桥庆喜不用说,平冈、原市之进、大场主膳、本国寺诘水户藩士等人早已经知道筑波的举兵暴动及水户的党争,他们已经在研究对策。在武田的队伍到达新保驿前,一桥庆喜于十二月三日便请假离开了京都。荣一此时从属于黑川嘉兵卫,从事军中秘书的工作。由于职卑官微,自然不能就伊贺守的处置问题发表什么建议,只不过是依令行事而已。

在新保驿的伊贺守这个时候遭到了诸藩的强大兵力的堵截,特别是加贺藩的大兵屯驻在距离新保仅二十町远的叶原,固若金汤,而且这些藩兵形式上是作为一桥的增援部队出现的。如果勉强进攻,就不可避免地交火。这个时候的藤田小四郎是为求得一桥庆喜的庇护而不辞远道西上京都的,所以势在媾和。幸好加贺藩的监军永原甚七郎采取了非常同情的态度,经过再三的交涉、谈判,伊贺守决定投降。可是部下中仍有不少人主张越过山道进入山阴道,到达长崎,那时便可以实现理想了。还有的人主张现在即使投降在加贺军门前,也会落个当初松平大炊头的下场,不如决一死战,让天下人知道自己的一片赤胆忠心。这种见识可谓是有勇无谋。师出无功,只会招来不祥之云。可是其勇猛的精神和赤诚的意气却令人敬佩。只要不追究其行为结果,同情其正义的目的的人都会尽力相救。大原三位、松平相模守、松平备前守、松平右近将监、松平主殿头、喜连川左马头等联名上书请求宽大处理伊贺守一行人。加贺藩派遣不破亮三郎拜见了二条关白，请求他出面说情，不使筑波山一党的处分权全部交给幕府。

这些努力并没有改变筑波山一党的命运。救星没有降临，灾星却越来越逼近了。水户的田沼玄藩头在平定了常陆、下野的骚乱后，立即回师；大目付、目付以下的军官率领步兵围追伊贺的部队。庆应元年（1865 年）一月一日，他们来到尾张时得知伊贺部队已经投降了。江户幕府传来命令，要将暴徒引渡给田沼玄藩头。一桥庆喜平时已经受到幕府的猜疑，这时如果违抗幕府的命令，搭救伊贺部队的话，不可避免地又要卷起新的波澜。特别是筑波山一党与七月里曾经率兵强行逼近近畿的长州反叛力量有秘密联系，这一点已经有书信作为证据。所以一桥庆喜想搭救筑波山一党有很大的障碍，弄不好会引火烧身，失去现在的重要位置。幕府和一桥庆喜现在既然不可能实行攘夷，也就不可能容纳下以攘夷为目的，举行暴动的长州及筑波一党。势不可违，一桥庆喜将筑波山一党从加贺手里引渡给了田沼。这个田沼本来就与市川派是同党，现在又狐假虎威，以幕府的力量来压制诸藩，在处置伊贺事件时手段极其残忍。二月四日起至十四日止，在敦贺斩首 350 余人，将武田、田丸、山国、藤田的首级送至江户示众，其他的人也都处以流放等极刑。三月初在那珂凑投降的 40 余人也在古河、左贯等地斩首示众。这件事就这样了结了。虽然事不由己，但从结果上看，藤田、田丸等人的暴动使自己为首的、水户及其他诸藩的志士门徒死于断头台上，水户从此一蹶不振，水户的主公也得罪于天下；一桥庆喜虽然也绞尽了脑汁，还是落得个残酷无情的名声，使天下人失望；幕府也被人讥为依靠淫威维持的、短命的统治集团。假如这是长州倒幕派策划的话，虽然长州自己的直接行动以侵犯京畿的污名而告失败，但飞进到常陆的星星之火却将敌方阵营扰乱，收到了极大的效果。

筑波山一党的处置事件与荣一并没有直接的关系，但却给了他很大的震动和教育。在这以前的一年里，他策划的举兵计划如果真正实现的话，其势力与筑波山党徒相比不过是小巫见大巫。当时荣一的同党加入筑波一党里的人也不少，尾高新五郎及其弟平九郎尽管没有响应筑波一党的号召而加入叛乱，还是被安部藩士抓起来投入监狱，或者被戴上手铐。荣一出差到关东时正值常陆骚乱的时候，必然毫不遗漏地了解了形势及舆论所向。出发前原市之进曾经叹息过藤田、田丸轻举妄动，误了大计，这句话想必荣一也听说过；至于平冈圆四郎再三考虑、放心不下的情景荣一也有所见。回到京都后，随着事态发展、变化，以一桥为首的各方面力量采取的对策，特别是对筑波山一党西上京都的态度也十分清楚，在这个过程中荣一自己的意见和感情也会极其复杂多变。可是这一切交错的意见、理智、感情都与事件的结果无补，在人们的失望中结束了。这就是元治元年（1864年）三月起至庆应元年（1865年）三四月间发生的一场大动荡的实质。关于这次事件，荣一当时没有发表意见，也没有参与什么活动，可是后来在撰写《庆喜传》时，为了阐明庆喜当时所处的困境，而有必要正视实际上所发生的一切事情，进行细致的推敲，同时也必然会深刻地领悟到人生道路应该如何选择的要诀，为日后肩负重任打下了坚实的基础，所以说筑波山事件对荣一来说是一堂严肃的人生课程。此后的荣一为人处事更加实事求是，更加善于避开权术斗争和危险的人生道路。

经世济民之才

庆应元年（1865年）一月，荣一晋升为小十人级，食禄为17石，五人扶持，每月酬金13两2分。所谓小十人是御目见之上，能拜见君主的等级。一桥家虽然家格高，但是由于是德川家的家族成员，而不是一般的亲藩，所以并没有常备兵，只有百余人的所谓贴身卫士，还有由幕府配给的两个小洋枪队。在他受命担任禁里御守卫总督、摄海防御指挥的时候，从水户借来了原市之进、梅泽孙太郎及藩兵二百余人，成为直接管辖的部队。这在现在这个兵荒马乱的社会是不够用的。平冈在世时已经招募过兵丁，现在黑川又想继续广招俊才。主公一桥庆喜也同意黑川的这一计划，于是荣一被任命为步兵调度，再度出差招兵。一桥家分散于关东的领地在去年已经招募过，所以今年以畿内、中国为中心。三月八日荣一一行人到达了备中国后月郡江原村里。昔日曾是关东一介农民的荣一现在已经成为一桥家的御目见级以上的吏人，所以他乘着八抬大轿，率领着持枪的警卫，前呼后拥，威风凛凛。上轿时领地内的庄屋等十多人从板仓宿舍躬身迎接。今昔对比，连他自己都不敢相信眼前的事实。荣一见到代官后立即将招募步兵的公务做了交代。这个代官从没有接受过这种任务，说道："那么就把村民们集中到村公所，长官直接训话吧！"于是村民们连日不断地被叫到村公所，由荣一逐个地询问。代官则说道："我已向村民们交代了，让他们老实地回答长官的问话，如有愿意应募的村民，我将催促他们尽快申请办手续。"说完便起身告辞了。代官走后，村民们一个应募的也没有。荣一苦口婆心地讲解形势，鼓励村民们勇敢地站出来应募，但还是不见有什么新动静。荣一毕竟还只是26岁的青年人，对社会上的复杂现象尚不能完全理解。

然而荣一并没有直接在村公所里解开这个谜。毕竟是后来被实业界仰为泰斗的荣一，从侧面问庄屋道："此地想必有老师教文习武、指导学生吧？"庄屋答道："文有阪谷先生，武有关根先生。"这个阪谷先生是备中国川上郡人氏，名叫希八郎，号为朗庐。荣一也曾听说过这个儒者。他的学校属于半官半民，在代宫所的管理、监办下。学校校名为兴让馆。

阪谷还游学四方。荣一带着酒，来到兴让馆，登门拜访了朗庐，与其师弟数人谈论学问；次日又邀请他到自己的旅馆里做客，以丰盛的酒肴款待他。席间朗庐持开国论，荣一持攘夷论，双方争持不下，但又充满了朋友之间的理解和友情。后来阪谷与荣一成为至交，也是从这个时候开始的。荣一与阪谷结识后，又拜访了剑客关根，二人比武习艺，也成为至交。就这样，在与当地的长者交往，并与其弟子和睦相处的过程中，逐渐地有些年轻人主动来荣一的寓居玩，随着交往的加深，有几个人开始想应募当兵了。荣一于是发给这几个人录取合格书，然后将所有的庄屋都叫到自己的旅店里，恩威兼施地训话道："我自己直接接触的年轻人没有多少，却已有好几个人应募；而我遍访了数十个村庄，至今仍没有一个报名的人。其中必定有原因。如果有谁心怀鬼胎，现在说出来还来得及。如有人不明事理，不愿为一桥家效劳的话，不论是代官还是庄屋，都要从严处理。"庄屋们听了这番话后面面相觑，相互商量后推举一人站出来吐出了实情，说道："小人诚惶诚恐。前日大人在召集村民们训话后，代官又召集我们，说是现在的世道办事越来越难，一桥家的旧规矩已经不能通用了。现在一桥家增加了很多外来的人，如黑川嘉兵卫就是一个由下贱身份爬上来的。这些外来的家臣违背旧规矩，乱发号施令。如果完全按照他们所说的办，难免会惹出麻烦。虽说新事物不能说全都是错的，但最好的办法是敬而远之，依然照旧。这次征兵也是如此。如果众人都不应募，那么也就没有下次的麻烦事了。由于代官这么说了，所以即使有志愿报名的人，一想到代官的话，也就没有人再来应募了。今天大人既然自己接触的人中间有志愿者出现，并向我们询问其真正的原因，我们只好说出实情，求大人不要将今天的事声张出去。"听了这番话，荣一禁不住笑出声来：小吏俗官的根性原来如此，遇事习惯于在陈规旧俗中昏睡，唯求平安无事，因此对一切新生事物都懒于应酬。想到此便对庄屋们说道："也罢，我再同代官说一次，以免给你们添麻烦。现在再召集村民们训话，为了让一桥主公的计划能实现，你们必须尽力支持。"说完后便命令大家退下去。

次日荣一便来到代官所，对代官严厉地说道："前些日子我就募兵一事对村民们进行了动员训话，可是至今无一人应募。如果是我宣传，动员还不够的话，明天我将再进行一次动员和宣传。在这之前我向你打个招呼。本来一桥家急需兵士你已有所知。这样的状态继续下去的话，禁里御守卫的职务难以胜任。由于这个原因，我受一桥主公的恩命，被任命为步兵招募官出差到此。然而庄屋们纷纷报告说无人应募。其实农民青年如能应募参军，既能成名成家，又有实际的利益。这样的好事并不多见。也许你下的功夫还没到家。总之招兵之事如果没有个结果，我回京都必须交代个理由。到那时难免会给你带来麻烦。明日我再次召集村民们进行动员时，你也要尽力说服、鼓动村民们。否则我完成不了任务，两手空空地回京都，对我们二人都不利。今天是特为此来商量的。"荣一这一番软中带硬的话迫使代官连连称是，再三地赔了不是，就这样结束了谈判。

走完了崎岖山路，眼前自然是平坦大道。第二次的动员结束之后，应募的青年果然层出不穷，很快就有200人，而且还招到了20余名虎背熊腰、力大无比的猛士。于是荣一造了名册，限定期限命令他们上京。备中国的招募工作结束后，荣一继续前往播磨、摄津、和泉等地招兵。由于在备中国的事不胫而走，各地都知道了荣一的为人，所以很容易地展开工作，总共招募了450余人。完成了任务后，荣一于五月中旬回到了京都。一桥庆喜对荣一此次完成任务非常满意，大为嘉奖，赏赐了白银及时装。荣一此行是他第一次单独地进行工作，并取得了成绩。新兵赶到京都后被安排到紫野大德寺里训练。荣一虽然没有直接参加训练工作，但在后勤及事务性工作上做了很多的工作。

荣一此行不仅完成了本职工作，而且还在闲暇中调查了各地的风俗人情，寻访了艺人及农、工、商业中有突出成就的人，还打听了各地的孝子、节妇、义仆，回京都后汇报并请求一一给予奖赏。这个要求很快就得到了允许。宣扬德善，移风易俗本来是儒教政治的一大功用，不必说荣一早已知道。

但是在实际的工作中他能够注意到这一点，并付诸实际行动，充分说明他能够学以致用，并且敏于社会风气的改良工作。与在血洗岛时比较起来，真是有了飞跃的进步。曾几何时，他为空洞的激情所驱使，几乎丧身；现在他已经能够抱着坚定的信念，发现和提拔良民节妇。自从在一桥家任职，正式走上实际的人生道路以来，荣一受到了多方面的磨炼，已经开始显示出一种具体、扎实的风格了。这时一桥庆喜的主张还没有完全摆脱攘夷的色彩，荣一明知阪谷朗庐所持的是开国论，还是盛赞他的才学。在荣一的影响下，一桥庆喜于第二年便决意采纳阪谷朗庐的主张。这是在他回京都后不久的事。

荣一的人生变化远远不止这些。在这次的长途跋涉中他还萌生了另一个计划，即经济实业的计划。一桥家分散在关东、关西的八个地区里的领地每年合计起来仅有 10 万石的经济收入，一桥庆喜由于新任禁里御守卫总督职务，除常年的 10 万石的收入以外，还从幕府里每月领受米 7500 俵、若干两金以充作补助。这种名为补助的米和金是幕府里的老中等大小官吏们领受的工资，而一桥家实际上是作为幕府将军在京都的代理人被委以重任，自然其钱粮消耗常常过度，用人也因此而难于办事。熟知此情的荣一早就在考虑增加一桥家财政收入的好方法。这次出差中他想了三个方案。其一，播磨领地的年贡米过去一直是在兵库县出售，由于这种米的质量优良，如果在神户的滩区和西宫直接售给酿酒厂就能获得高利。其二，播州盛产白木棉，过去在大阪贩卖时方法不得当，如果设法进一步搞活流通，增加渠道，就能增产创收。其三，在备中地区一直有人从事硝石的生产、制造，如果改善工艺，提高质量，并广开贩卖渠道，也能获得一利。荣一将这三个方案汇报后，首先得到了黑川嘉兵卫的赞成。经过商议，一桥家批准了这三个方案，将荣一的级别升为勘定组头，待遇为 24 人扶持，另外发津贴 5 人扶持，命令他专心从事上述的工作。一桥家的勘定所、即财务部门里有勘定奉行二人、勘定组头三人，再下面有平勘定、添勘定、勘定所手附等属吏，分别管理金钱奉行、仓库奉行、金钱方、仓库方等，仿效幕府的官职，可算是麻雀虽小，五脏俱全。荣一现在受命开发新的贸易渠道，不必受陈规旧俗的束缚，大胆改善工作方法，大小事务从简从捷。计划一定，就立即赶往兵库，通过当地的商人东实屋将一桥家粮仓里贮存的摄津、播磨的优质米卖给神户的滩区和西宫的酿酒店。由于供求之间是直接的关系，加上米质优良，双方相互依赖，自然省去了中间商的盘剥，利润也增加了，平均每石高出一般价格 50 钱，一桥家因此而得利不少。第二个计划是在备中国制造硝石。荣一上次出差时认识的剑客关根熟知制造硝石的巧法，荣一利用这一技术，在当地农民中选拔出精明能干者，借给资金，增加四处制造所。可是当时缺乏这类新事业的经验和知识，硝石市场需求也没有形成，所以荣一的努力没有得到应有的结果就半途而废了。
在这同时播州的木棉贸易事业却获得了极大的成功。播州本
来就是木棉的盛产地。一桥家在这里虽然仅有 2 万石的领地，
分散为各个大小村庄，产量却也十分可观。只是村民们随意
生产、贩卖，没有工艺和管理上的标准。与此相反，邻藩的
姬路在自己领地内约法三章，集中收购和贩卖木棉，用行政
权力来控制商业界；与姬路藩相比，一桥家领地里的木棉自
然是价格低、产量低。荣一想道：若作为一个地方工业来开
拓木棉生产，求得其发展，以使人民获利、地方兴旺的话，
必须制造一桥家的藩币，在市场上流通，以沟通买卖交换。
只有这样，木棉的收集和贩卖等流通渠道才会迅速地扩大。
为了实现这个想法，荣一在得到一桥家的同意后，在木棉的
中心产地印南郡今市村里设立了藩币与金币的兑换所，又在
大阪的今堀、津田等四个地方事务所里开办了金币贷款的业
务，其金币的数额与今市村兑换所的预备金币额相同。贷款
规定如果在 30 天前接到通知的话，有随时偿还债务的义务。
还在今市村附近的一个村子里设立物品集散所。这样村民们
用藩币自由买卖，交易结束后又将藩币换成金币，木棉、藩
币与金币之间的流通十分畅通、简便。当时各藩都发行藩币，
由于兑换时币值不稳定，在民间中的威信日益下降，在藩外
流通当然不行，连藩内流通也要打几成折扣，价值远远低于
票面额。而一桥家的藩币一向保持票面价值不变，并且在物

产品集散所和货币兑换所内起着融通流通的作用，给木棉的买卖以很大的方便，产量也大为增加。这样一桥家的藩币在民间信用高，毫无兑换难的担心。在这个工作中，荣一从最初发行藩币到其他一切过程中的所有费用都由大阪22家汇兑所中最有势力的津田等五家共同提供，勘定所里没有花一分钱，只是批准了这一计划便收到了大功。

荣一在出差募兵之后完成的上述两件事，决定了他漫长生涯的航行方向，又预示着将来的生活、事业的准备阶段已经结束。在这一阶段中，荣一表彰孝子节妇，奖赏舍己为公精神，教化人情风俗，提高社会福利等儒教精神的表现是他通过新五郎学到的水户学思想的实践，而整顿经济、充实财政、去弊兴利的行为，则是从其父亲市郎右卫门那里接受的家传的经济意识的影响。到了此时，荣一身体里贮存、酝酿的营养完全成熟，他已经作为一个伟丈夫立足在人世中。在这以后的人生岁月里，荣一一方面实践儒教的思想，一方面致力于经济工作，始终如一地走着金光大道。人生在世好比是粮食作物，虽然五谷甘味各有所异，但最终都是为人的生存提供营养，完成了自身所具有的使命之后便失去其存在的价值，可是在发挥它的功用之前，必须经过去糠、筛选、磨制的过程。同样地，一个人在成为真正有益于社会的人之前，必须先脱掉糠秕，才能体现出本身具有的优良素质。一个人除去糠秕的过程就是人生的磨炼的过程。对五谷来说，磨制和筛选是痛苦而艰辛的；同样地，一个人的磨炼也是痛苦、艰辛的，会包含有许多不如意的、悲伤的经历。在这种经历中，人逐渐地去除糠秕，最终成为一个有益于人民、有益于国家和社会的人。有些人出身贫寒，或幼年丧父母，未及成年便遭遇到这种人生的磨炼；有些人出身富贵，较晚才遭遇到这种磨炼；偶尔也有些人一生都未能完全去掉糠秕，或禀性愚钝，即便遇上那些磨炼，也浑浑然了此一生。荣一在种种的磨难中度过，到了这个时候，终于羽毛丰满，锻炼成熟，完全成为一个有益于人民的人了。上述的劝善扬德，在一桥家内理财政、外图扩张的成绩都是他的新的人生的第一步。

荣一致力于经济的原因不仅是由于其家庭里从事半农半商的职业，以及父亲、祖父都善于理财，而自然地出现的倾向；也不是自己自从上京以来和喜作一起面临经济困难而体会出钱财的重要性。儒家思想也是避而不谈财与利的。中国过去的思想家唯有管子论述过生财富国的思想。荣一所处的时代不仅政治上山雨欲来风满楼，而且经济上也是困难重重。只是谈财说利之类的事是与当时的武士中流行的风气，及所谓英雄家的气质，背道而驰的。有的人谈论政治，也有的人谈论兵务，但从没有人愿意谈论生财兴利之道。然而一件事情无论如何重要，如何有益于社会，到了实际实行的时候，如果没有财力和物力支撑的话也只是空白支票，是梦幻的、不现实的空想。筑波山一党的前前后后就是荣一亲眼看见的一个好例子。起初藤田小四郎召集了四五十名志士，自然都是一些肝胆相照的心腹朋友，也可以推测出小四郎已经筹好款，没有了后顾之忧才起义的。无论如何赤胆忠心，肠胃总是肉体组成的，人是铁，饭是钢。及至得到田丸稻之卫门等人的同意，雄踞于筑波山时，人多势众，饷粮需求也增大。弄进这一笔购买饷粮的巨额钱款是不可能的，只好从近处的豪绅、富户那里征收饷粮，其中不免要以武力来逼迫或恐吓。既然是为了天下人民做事，地方豪绅也不能完全拒之于门外。只是粒粒白米从播种到收进仓库都费尽了心血，无偿地充为军饷，谁都会心疼，以致招来人们对筑波山一党的怨恨。有些地方甚至一户必须交纳 1000 两银。筑波山一党原本并不情愿强行征收，只是实现自己目的所必需的物资弄不到手，才出现这种强行掠夺的行为。宇都宫藩被迫以赠送的名义出 1000 两金；到了太平山后筑波山一党召集当地名主，多次催问军用钱粮。在常陆、下野，当地老百姓骂他们为"天狗"，又恨又怕。掌握大权的武田伊贺守本来就同情筑波山一党，被人说成是在暗中指挥他们，而且还流传说他将从幕府领到的镇压筑波党费 3 万两金中的 2 万两反倒挪用给筑波党的军资里。这个流传虽然无法证实，但也能说明这个情况下财力起着多么大的作用。筑波山一党随着人员的增多，其费用也增大，军用粮饷的征收也越来越严厉。小山、结城、下馆不用说，田中愿藏支队在栃木、北条、真锅、土浦、那珂湊、祝町、太田、菅谷等地强行掠夺百姓，被人民称为"剃头党"，视为虎豹。一些流氓也兴风作浪，借攘夷之名图私利，弄得本队不得不开除田中愿藏。这些都是由于没有资金，在万不得已时强行摊派的结果。虽然这并非出于初衷，结果还是造成了被社会驱逐、排斥的形势。后来筑波山一党离开筑波西上，总共800余人的庞大队伍长途跋涉，如何弄到支撑军事行动的粮饷依然是头痛的事。在信浓路上也不免向途中的富户豪绅那里强行摊派，简单地说就是边掠夺边走，直到到达越前的天保。水户是根据地，当地的老百姓尚且怨声载道，何况无亲无故的异乡他藩的人民，在刀枪逼迫下眼睁睁地看着财物被抢走，自然更是愤怒无比。筑波山一党本愿并非如此，只是没有经济来源，以至于干出这种行为，最终招致了各阶层人民对自己的反对和厌恶。荣一曾经有过被藩主的小吏威逼交出500两金的经历，当时满腔怒火的记忆至今犹存。在他的眼里，筑波山一党尽管是不得已才采取上述暴虐行为的，但是这背后透露出来的经济紧张带来的后果是多么严重这一点却是再清楚不过的，这无疑给了荣一以深刻的教训。更何况他曾经将家里靛蓝生意赚的150两金购置武器，以这么小的规模想举兵夺取高崎城；现在的荣一明白了当时即使占领了高崎城，一帮完全没有经济来源的书生会落到什么下场，是十分明了的。想到这些，荣一自悔不已。箭是通过弦的力量飞出去的，弦又是借助于弓的力量。人生之建功立业不能没有经济做后盾。如果说韩信、彭越、英布、曹参等人是箭，张良是弦的话，那么萧何就是弓。荣一的身上流着父亲市郎右卫门、祖父宗助的血，肩上映现着平冈圆四郎的面影，又通过平冈圆四郎折射着圆四郎父亲、长于经济的幕府勘定奉行花亭本近江守的面影。在折田要藏处学习造城术时，荣一一定听说过萨摩藩之所以在各藩中最有势力，其根本原因就是物质丰富，并且萨摩藩有个调停所，在整顿、治理藩政上起了极大作用。荣一后来谈到有关自己经历时并没有提到这一些，但是荣一开始注意经济，致力于经济工作是他一生中最大的转折，也是他各项事业的开端，所以在这里不厌其烦地对照当时的实际状况，从各方面考察了荣一是如何为一桥家贡献三大经济策略。荣一就这样从庆应元年（1865 年）八月起成为一桥家勘定所的人了。在这以前一直是共同行动、同供一职的喜作被提升为军制所调查组头，从此以后他们就再也没有在一起共事了。

最后的将军

荣一于庆应元年（1865 年）仲秋晋升为勘定组副组头后，掌管一桥家财政，往返于大阪、兵库、播州、备州之间，经营贩卖。庆应二年（1866 年）三月又被提升为勘定组头，同时被免去御用谈所职员的身份，专心致力于经济财政工作。在这一段时间里天下形势又有了新的变化。前一年蛤门事件中得罪了朝廷的长州藩毛利庆亲父子在广岛遭遇到尾州藩德川庆胜的征讨之师，不战而降，并将福原越后、益田右卫门介、国司信浓三家老等的首级献上德川庆胜的军门，以将功折罪。这时，长州的强硬派高杉晋作、井上闻多、山县狂介等人不平而奋起相抗，桂小五郎回到长州后势力更加强大，以至于用武力控制了全藩。他采取了外柔内刚的对策：如果幕府问罪之师来讨伐，就凭借长州和防州的兵力与幕府争天下，同时在暗地里与过去有过矛盾的萨摩藩及土州相联合。一些曾经持攘夷论的人现在热衷于与外国列强做买卖，以购买兵船兵器，学其兵法；幕府为了处置长州、防州，特地召集毛利淡路、吉川监物等人去大阪，这个命令竟然遭到了拒绝。所有这些都致使幕府于庆应元年（1865年）九月二十一日得到了天皇的敕令征讨长州。其后几经周折，庆应二年（1866年）五月初幕府命令长州藩处分小笠原壹岐守、毛利父子二人，长州表面上哀求宽大处置，实际上是拒绝执行这一命令。幕府和长州之间终于在六月七日交战，结果幕府军未能取胜。六月二十日幕府将军德川家茂病逝，深孚众望的德川庆喜被众人推举进入幕府，继承将军职位。长州征伐之事也就只好搁下不议了。

就在幕府与长州之间一进一退的同时，庆应元年（1865年）五月英国公使巴库斯新上任。到了九月，乘将军在大阪，并且百官都随行到此的机会，英美法荷四国共九艘军舰开进了兵库湾，十月五日逼迫幕府将安政五年幕府草签的《神奈川条约》付诸实行，并迫使皇室敕令同意。其间的内情错综复杂，国内与国外、皇室与幕府、幕府与萨摩等等因素互相牵制，有虚有实，今天考察起来尚且难以真正地把握实质，得出正确的解释，何况"身在庐山"中的荣一无法纵观全局，要想对当时的社会真相做出客观的判断是不可能的。他只是对自己所接触到、了解到的一些有关的材料发出了个人感慨而已。对荣一来说，处在这个时代的激流中的他只不过是一条对周围事物惊叹不已的小鱼。当初在乡下时他曾经高谈阔论天下形势，也曾经想亲自闯荡一番事业；而现在对皇室敕许《神奈川条约》、讨伐长州之类的大事件他没有发表任何议论，也没有干出一些唐突的事，只是将一桥庆喜进入幕府、继承将军职位这件事看作是自己身边的也是能够切身感受到的事，于是将自己的看法，即认为一桥庆喜不能继承将军职位的想法同原市之进谈了。他说道："幕府已是即将倾倒的大厦，如果勉强接受这栋大厦并藏身于其中的话，只有危险，毫无安全可言。还不如一桥家自己增加实力，向幕府要求大阪城作为据点，在近畿一带领受50万乃至100万石的加封，牢固地建立起自己的地盘才是上策。"原市之进富有学识，平冈死后深得一桥庆喜的信赖。尽管一桥最初并不想进入幕府继承将军职位，原市之进还是急切地希望一桥主公继承德川家族的宗位。德川家茂将军临死前曾经留下遗言："吾死后要辅佐田安龟之助继位。"但是幕府要臣们却认为龟之助尚年幼，难以胜任，除了一桥庆喜外没有别的合适的人选。为此，幕府另外立下遗言：在庆喜死后一定要让龟之助继位。幕府的这个决定很快便通过了。另外加上朝廷里的二条关白、贺阳宫等人的举荐，所以朝廷也决定让一桥庆喜继位。这些内幕荣一是不可能知道的，所以他的想法和向原市之进的进谏当然不会起很大的影响。原市之进从头到尾听完了荣一的话，说道："你可以亲自谒见庆喜，详细地劝谏主公。"然而荣一这时虽然已经被提拔为御目见以上的职位，毕竟是一个后生晚辈，难以谒见庆喜，直陈天下大事。七月二十八日，幕府以将军家茂的名义向天皇奏道："臣若病重，当以家族中德川庆喜继位；另外在长州征讨中，军务紧急时当以庆喜作为代理官临阵指挥。"次日敕令便下来，由松平越中守、板仓伊贺守作为皇使传旨：一桥庆喜继承德川家族宗位，作为代理官继续征讨叛军。一桥庆喜就这样成为幕府将军，继承了德川氏的主公位。

八月二十日家茂将军的丧礼正式举行。庆喜这时尽管仍然固辞将军职位，不愿就任，但已经被人称呼为殿下。原市之进和梅泽孙太郎过去是水户出身，后来成为一桥家的用人，现在也被提拔为目付，成了幕府的侍臣。荣一也随之被提升为御家人，列为名末。庆喜将八月十二日定为征讨长州军队出发的日期。荣一接受命令，在这次行动负责军需品的供给。

长州征伐军即将出发了。联想起荣一前后的经历真是让人感到不可思议。曾几何时他以报国济民为己任，满腔热血，尊皇攘夷，冒尽了风险。他过去即与水户的激进派有瓜葛，又通过桃井仪八与长州藕断丝连。在得到长七郎入狱的消息时甚至想进入长州寻找多贺谷勇。就这样荣一的内心里一直埋藏着反幕府的火种，认为攘夷是热血青年的神圣事业。现在的荣一与当时相比真是天壤之别。自己已是幕府的小吏，德川家族的用人；现在长州藩也与外夷相通，尊皇之师竟然犯上作乱。自己这次又随军进攻当初曾想委身的长州藩，在刀光剑影中与过去理想中的志士们怒目相视。人生之命运真是变化多端，深不可测！想到此荣一不禁感慨不已。在一桥庆喜没有继承将军职位，自己是一桥家勘定组头的时候，曾勤奋而愉快地工作，还想将妻子接到京都来。现在遇上命运的突变，一切都成为泡影而逝去。此后自己将从军远赴西陲，拼搏于疆场，生死难测。想到此，荣一便挥笔给遥远的妻子草写一封生离死别、情意绵绵的家信。后来荣一看到过去的这封信时，情不自禁地题诗道："寒夜明，残露玉珠摇枝端，秋霜看已过。"表现出了荣一面对苍凉的秋夜发出的悲怆而又凄然的感叹。

　　长州征伐战事由于缺乏萨摩及其他各藩的援助，后来诸藩甚至各行其是，不听幕府命令，致使幕府方面军队在小仓口溃败瓦解。消息于八月十一日传来，德川庆喜决定暂时停止出兵，并且得到了敕许。荣一因此没有向长州进发。九月七日他又被提升为陆军奉行管理，在京都的陆军奉行所附属所组头森新十郎的部下供职。荣一由过去的侍臣成为现在的幕府官吏，身份和地位无疑都提高了。然而与在一桥家时比较起来，尽管那时官微禄少，不过是御目见以上的身份，却掌有较大的实权，工作中充满了干劲。现在一桥庆喜成为幕府将军后，幕府里的大小幕臣彬彬济济，自己在这中间是最低等的小吏，不可能谒见庆喜。原市之进和梅泽孙太郎、榎本亨造等人有的成为御目付，有的成为御使番，他们也都与荣一有较大的地位上的差别，平时相互见面打招呼的机会都不多，更不可能开诚布公地表达自己的意见。这当然不是庆喜公冷落荣一。当时幕府的官制人员长期稳定，人们各司其职，新分配进来的自然得不到重用。可是一般的人处在这个环境中往往有某种被剥夺了既得物的失落感，即使失去的东西并非是珍宝，也会充满了寂寞。荣一在这个时候也不免每天空虚地打发日子，有时想到重新回到浪人生活，可又觉得前途未卜。个人与社会究竟该怎样才是最理想的，荣一左思右想也找不出个圆满的答案。他陷入了困惑。

这种体会几乎是每个人在一生中都会体验到的。可是不少的人轻举妄动，以至在命运之神将人生舞台的脚本交给自己之前，就凭着肤浅的见解结束了一切，贻误终身，后悔不已。如果荣一当时像诸藩的浪士中常见的那样，轻而易举地出奔，逃离幕府的话，也许早已被时代车轮所辗碎，作为一个无名的浪人而终了一生。然而荣一没有如此轻率。他顺从地等待并接受了命运之神送给他的礼物。这个命运的安排在他的意料之外。十一月二十九日，原市之进召他相见，说是有要事商议。荣一到了原市之进处后才明白：次年，即公历1867年，在法国政府的筹备下，巴黎将举行万国博览会，以汇集、展览世界各国的文明精粹。这件事早已通过法国公使雷恩·罗素于这一年的六月通知了幕府，邀请其参加。罗素的这番热情邀请表示了法国政府对幕府的好意，幕府决定趁此机会派遣日本天皇的皇族赴欧洲参加博览会，以发展与法国及欧洲诸国的友好关系。这一决定也得到了天皇的同意，最后决定派遣清水殿（水户家齐昭第 18 个儿子，这一年十二月九日继承了清水家的宗位，号为德川昭武，时年 15 岁）出访法国及欧洲诸国，加强友谊，然后留学于法国。只是水户藩士当时对皇太子远游列国不能理解，有些人持反对意见。后来好不容易统一了意见，选派出 7 名随行人员。然而这几个人忠诚有余，灵活性不足，顽固地将外国人视为夷狄，所以天皇勒令选派既是攘夷论者，又能客观地观察事物，灵活地处理问题的人才随行。这样能将不同意见折中起来，避免过于偏执，起到调停的作用。如果确是合适的人才，为了将来能成就大事业，不妨让他继续在外国留学。天皇既是这个意见，而现在正好在寻找一个管理财务的人选，望荣一担任这一角色，随皇太子出访欧洲列国。听完原市之进的这一席话，荣一心里一亮。当初吉田寅次郎曾拼命地想远渡重洋，到外国考察；现在自己竟然作为德川将军的亲族、民部公子的随从，周游列国，亲眼看看世界是什么样子，不但可以增长见识，而且旅游之时还有各种方便且能享受到较高的待遇。荣一一夜之间交了好运，心里充满了对知遇恩人和对命运之神的感激，立即表示愿意承担这一重任。如果说荣一过去的人生道路充满了坎坷不平的话，此后他致力于经济的道路就再也没有曲折和障碍，而是一条平坦、宽阔的金色大道。他不久就作为日本新时代、新文明建设的指导人和领导者，作为百花齐放、万木争荣的局面的助产婆而鞠躬尽瘁，实现了最初经国济民的大志。

游历欧洲

庆应二年（1866年）十二月七日，荣一作为清水昭武的随从处理财务及其他庶务的正式命令终于下达。同月二十一日他的一切旧职都被免去，同时新被提升为勘定格。当时荣一只有长女歌子一人，所以将年方19岁的表弟平九郎立为养子，以在不得已的情况下继承涩泽家的宗位。家里安置妥当了，只是最要好的同伴、朋友和亲属喜作出差远赴江户，不能道别而颇觉遗憾。所幸的是喜作听到消息后从江户特地赶回，二人回忆了过去，憧憬着未来，相互诉说了胸中的抱负。

想当初二人一起谋划反幕府，今天又一起成为幕臣，自己将远渡重洋，喜作则留在旧邦。现在萨摩和长州的倒幕之心天下皆知，德川氏的命运不知凶吉。二人不由得更觉得有说不完道不尽的话。末了二人只能将命运托付给天，各自怀着雄心壮志，毅然分别了。

再说公子一行于庆应二年（1866年）十二月二十九日从京都出发，庆应三年（1867年）一月一日在国产海轮长鲸号上举行庆祝宴会，不久抵达横滨，预定滞留五六日。大家准备着远行的服装及食物，还谒见了御勘定奉行小栗上野介、外国奉行川胜近江守等人，并应邀出席了法语教师比兰主持的宴会。大家有生以来第一次品尝了外国食物。最后一行共28人堂堂地登上了法国邮船阿尔黑号，一月十一日船驶离了日本，开始了万里旅程。

德川昭武虽然年幼，但毕竟不是以一个贵公子的名义出游，而是作为幕府的使节或者说公使出访欧洲的，所以外交奉行向山隼人正一履被委任为外交随从，作事奉行格小姓头取山高石见守信离被委任为太子副随从，外国奉行支配组头田边太一、外国奉行调役生岛孙太郎、外国奉行支配翻译御用头取箕作麟祥、外国奉行支配通辩御用山内六三郎堤云为副官，水户藩士菊地平八郎、井坂泉太郎、加治权三郎、皆川源吾、大井六郎左卫门、三轮端藏、服部润次郎是昭武公子的御雇小姓，步兵头并保科俊太郎、医师高松凌云、大番格炮兵差图役头取勤方山内文次郎、勘定格涩泽笃大夫为侍从；法国驻长崎总领事珠雷受法国政府之命，负责照顾公子一行旅途。英国公使馆翻译施伯特在回国途中受委托顺便作他们的翻译。此外还有裁缝师、理发师等三名，向山、山高和施伯特的仆人各一名，一行总共 31 人。另外还有得到批准留学法国的会津藩士横山主税、海老名郡治、唐津藩士尾崎俊藏 3 人同行。

荣一后来曾将这次远洋途中的见闻、感想和思考整理成《航西日记》，并附上序言，于明治三年（1870 年）冬出版。这本日记集是受到当时的大藏卿伊达的热心劝说，与杉浦霭山合作撰写的。这个霭山也是当时同行人中的一人。形式上根据当时的日记口授成书，描述当时的实景。笔名是霭山的父亲蔼堂。

当时有些人简单地将外国视为夷狄，实际上并不了解外国的真相；欲使日本立于世界强国之林，必须首先将这些人的视野引向外国，让他们更加清楚地认识世界。有许多的仁人志士就是从国内外的比较和批判中觉悟到真理，并且奋起为日本的进步、繁荣而努力的。《航西日记》在字里行间里正是渗透了这种启蒙精神，今天读起来仍然令人振奋。

荣一在历史开始觉醒的时刻没有在寝被中贪睡，他不愧为一个英迈的男子汉。在《航西日记》里，他首先从阿尔黑号船长善良的为人和细致的照顾里，感受到在国外从事这类职业的人一定都具有这种优良的品质，继而又看到饮食、医疗设备和技术的先进，承认西方文明胜过日本。船在扬子江溯流而上，驶入上海港时，他看到英法等国官吏在迎接日本公使时表现得文质彬彬；在上海还看到中国政府使用欧洲人管理税收，弊少利多，街道上煤气灯、电线、道路等设施完备；相反在中国人自己管理的区域里，到处是脏污和破烂不堪的景象，人民生活贫困。荣一不禁痛惜其因循守旧，不愿变革。目睹了欧洲与东亚的差别，不禁感慨万分。船抵达香港后，他又对英国经营的香港岛由荒僻的渔岛变成如今的繁华商埠而惊叹不已，对英国人孜孜不倦地学习东方文化深有感触；又亲眼看到英国货币英镑在世界上的坚挺地位；还参观了英国造币局、军舰、牢狱，了解到这种牢狱是为了对犯人宣传神的教导，以使其悔过自新的设施，而日本尚未有这类的社会组织。想到此，荣一受到了很大刺激。在香港换乘另外一条船后他们渐渐地靠近了热带地区，没多久就驶入柴棍（今胡志明市）。柴棍成为法国的殖民地以来，虽然只有十年时间，却已在这里建起了法总督府，屯兵一万。此时正是四处拓荒平地，建筑高楼的时期。十年前，土著居民因杀了法国传教士而与法国人发生武装冲突，土著人战败，而外来人获胜，这块海岛便成了法国领地。法国政府打算把这里作为东方移民的根据地，全力开发，在这里设立了炼铁厂、造船厂、学校、医院，而土著民却贫困不堪，连妇女也被迫服劳役。土著民常常袭击法国人，却授人以柄，不得不割地赔款。目睹这些，荣一联想到那些所谓攘夷家们。虽然在荣一的日记里没有记载此事，然而回顾往事一定会如梦初醒的。二月初，船驶入英国殖民地新加坡，再次看到土著民与欧洲文明程度的差距，七日抵达斯里兰卡，目睹了葡萄牙的社会风俗，十六日抵达亚丁湾，这里是大西洋与印度洋的咽喉之地，土地贫瘠。英国在这里竭力经营，企图使之成为日后控制印度支那的据点。荣一还看到自来水设施非常齐全，心里暗想，自然条件好的地区的人民并非一定幸福，而自然环境恶劣地区的人民并非一定生活痛苦。同时又告诫自己，日本因为自然环境优越，人民长期贪于享受大自然的恩赐而几乎丧失了与大自然拼搏的顽强生命力。二月二十一日船抵达苏伊士，此时运河尚未开通，这项挖掘大地一百五六十里，接通东西方的浩大工程正在建设中。面对横截世界地脉，沟通三大洋的宏伟蓝图，想到连江户湾与印旛沼相接通的计划都不可能实现的岛国日本，荣一此时不禁全身血液沸腾。当他看到民工们搭起帐篷，挑的挑、挖的挖，热火朝天干活的场面时，不禁又深感英雄大业并非只有在刀光剑影的沙场上才能实现，为人民、为国家谋利的长远大计也是英雄男儿的本色。路过埃及时，他感叹这个古老国家的兴衰，批评亚历山大城里回教徒的一夫多妻制；途经撒丁岛时，缅怀起加里波第的英姿；仰望科西嘉山脉，他感叹拿破仑的一世风流。

这个月的二十九日他终于抵达了目的地法国马赛港。码

头上欢迎的礼炮声不断，荣一等人一下船就被来欢迎的法国
政府官员围得水泄不通。在他们的陪伴下，一行人于三月七
日到达了巴黎。其间观看了军舰。荣一第一次看到潜水器，
还参观了陆军操练，军功表彰授奖仪式，观察了化学试验所，
听说到里昂的大型制丝厂，纺织厂里的职工有七八千人，机
器厂房设备完整。这可能导致了他后来开办富冈制丝厂。他
还参观了动物园、水族馆等当时日本尚未有的设施，深感欧
洲人致力收集动物、禽兽知识的热情；还瞻仰了拿破仑一世
的坟墓；在那里见识到了伤残士兵收养制度，深感这个制度
的长处；看到赛马场的盛况后，他为日本尚未有这样的壮举
遗憾不已。受到法国前任外交部长的茶会招待后，他又反省
自己国家外交礼仪的封闭落后。二十四日公子及其他随从谒
见了法国皇帝，公子等人全部穿着狩衣或着布衣、素袍。
二十八日参观风船。二十九日受到法国皇帝的招待看戏。这
种戏与当时日本的芝居（日本的一种戏剧）简直有天壤之别，
与能乐也全然不同。其戏院舞台宏伟壮丽，其乐曲优美，其
舞蹈变化无穷，绚丽典雅，如花似锦，沁人肺腑。并且在盛
大典礼、重大节日之际，其戏剧更为壮观，各国帝王、使臣
们都会受到邀请，观赏演出，因此这已成为国际交往的一环。
后来荣一联合朋友、熟人设立了帝国剧院，无疑是这个时期从
法国了解了剧场在社会中起到重大作用的原因。四月一日又
在密斯特剧院观看了舞蹈。这虽然仅仅是普通的社交舞，但

因正逢上万国博览会开幕大典仪式，这个由国内事务所主办的特别舞会，法国皇帝、后妃、贵族、高官、豪民们纷纷聚集，还招待了各国帝王、贵族、官员等出席，显得异常地隆重。荣一从汉学的立场来观察这个舞会，认为它不仅能加深人们之间的友谊，还能在男女青年之间提供相互认识、语言交流、观察贤愚，以便于自己挑选合适配偶的机会，这正符合古之所谓仲春三月男女相会之意。此外荣一还记述道：这种舞蹈、礼仪端正，乐而不淫。从中可以看出荣一的观察是中肯而充满善意、友好的。有趣的是他还记述到这种舞蹈与日本北嵯峨、大原木曽薮原等等盆踊的形式很相近，然而本质上完全不同。二日登凯旋门。三日去朱罗丽富参加舞会。四日参观巴罗拉玛，从功利上评价绘画是日常生活中不可缺少的一项事业。十二日参观植物园、动物园，荣一面对坎卡、波塔的奇观惊叹不已，还看了人体骨骼、木乃伊、病体等的标本，对学问在生活中的实际作用大为感叹。二十四日视察巴黎市下水道、水道及煤气管道。水火是城市的生命线，荣一虽然不是一个专家，却在臭气扑鼻的下水道里乘木筏行驶了半里之远，这正说明了他善于思考、务实心强的性格特点。三十日他参观了赛马大会。回来后他记道：西洋诸国人民有卖马券的风俗，人们因赛马而相赌争胜负，并且记载，这一日正逢法俄皇帝相赌十万法郎，结果俄国皇帝取胜，将所赢的钱捐给了巴黎的贫民院。荣一没有对此事做出评价，也许他从中感受到了外国

帝王的所作所为与东洋帝王大相径庭。五月四日巴黎郊外举
行大阅兵式，法国皇帝与俄国皇帝同车回宫的途中，突然遇
上一个波兰工人的枪击。荣一根据报纸报道详细地记载了此
事，并且对报纸能迅速报道事件的经过大为叹服，了解了报
纸应有的职能及社会上各种事情都能快速传播的道理。六日
视察了医院，他不禁又对日本医疗事业不完善状况深为叹息。
十一日公子一行迁居到巴黎贝西乡贝鲁戈莱兹街五十三号。
十八日正式观看博览会，荣一面对世界各国古今文化的结晶
惊叹不已，又注意到如此规模盛会的组织形式、方案及设施，
同时还感叹自己鉴赏、评估陈列展品的能力极端贫乏。从荣
一日记的字里行间可以感受到荣一在比较了欧洲各国和偏僻
落后国文明程度的差别后，暗暗地认识到必须加快日本的发
展和进步的心情。二十四日参观了巴黎市自来水净水池，惊
叹配水装置的完备。二十九日观看了博览会的授奖仪式，他
对法国及其他诸国君主朝野关心文明和经济的热情深为叹服。
他在评论法国皇帝的致辞中，溢满了正大浩然之气，同时富
于熙和之情。这些细节在荣一的日记里都有逐一的记载。在
十七日之后的日记里，荣一频繁地译载了外国报纸对日本大
小事情的报道。荣一似乎从这时起感到有必要注意外国人对
日本的认识和解释的方法及观察、评论的程度，这说明了荣
一是极其聪明的。因为对一个决心献身于社会建设的人来说，
这种注意是非常有益于实际工作的。八月六日，万国博览会

快要闭幕，各国君主、大总统等即将归国。这时公子一行也由巴黎出发，登上周游列国的征途。

首先访问的是瑞士。八月八日听了该国军乐队演奏，参观了发火操练。瑞士虽说是个小国，却也独立自主。接着参观了钟表制造所。八月十六日离开瑞士，出发去荷兰。同月十九日，参观了该国议会厅的议会。二十七日抵达比利时，观看了安特卫普炮台，盛赞其宏伟精致。九月三日参观了钢铁厂。九日应国王雷奥波尔特的邀请参加宴会，国王对当时坐在右边的公子说道："铁是文明国家不可缺少的物品，强大的国家使用得多，弱小国家使用得少。贵国若想繁荣、富强，必须多使用铁。需要铁的话可以买我们比利时的铁制品。"荣一听了此话，不禁对欧洲君主们也极其关心国家的产业发展而惊叹。

二十日，启程赴意大利，经过由桑米塞通向丝扎没有火车的道路。二十四日抵达佛罗伦萨。二十五日参观了意大利的议政堂。十月八日在英国军舰的迎接下由里本斯乘船。十日观看了海军射击演习。二十二日抵达马赛，途中船舱机器多次出现故障。第二天返回巴黎。十一月五日到达英国多巴。九日谒见英国君主。十日参观泰晤士报社，深感其报道之迅速。十一日参观了伍尔里奇造铁厂。以后连续四天考察了军事设施。十五日留心参观了英格兰银行、造币所等。二十二日返回巴黎。《航西日记》到此结束。

从这一年的元月起到现在，荣一仿佛是置身于世界各国的大课堂里勤奋学习的小学生，又是将历来与东方相隔绝状态的西方文化的洪流导向遥远东方的大水渠。这个优秀的学生不久就合格地毕业，完成了伟大的沟通东西方渠道的作用。在这同时，他还通过目睹西方人民的友好和善意，从内心里进行了公正的自我批评，将过去所持有的锁国攘夷的感情及坐井观天的思想局限全部摒弃，像脱壳后的羽蝉一样，具有远走高飞、择善而行的英迈气概了。这以后的荣一真正是站在不偏不倚的立场上，为国为民奋发效力了。

荣一在他所分管的庶务财会方面，不得不绞尽脑汁、费尽心血。因为在欧洲诸国，一切都与在日本时不一样，而同行的三十几人都各持己见，荣一又地位低下，特别是几个水户藩士固执地认为日本旧有的制度和精神必须保留，只有这才是对天皇的效忠。为此，他们将旅馆侍者的举动视为非礼而大声训斥，看见了动物园里将各种珍禽奇兽集中于一处，便认为是愚蠢的行为，看戏、参加舞会时也将之斥为淫荡骄奢，一概否定，常常弄得其他人不知所措。荣一心里知道原市之进之所以推荐自己，一大半原因就是为了防止意见不统一，所以从中竭力调停。到了公子出游列国的时候，太子的监护人山高石见守提议减少随从，因此而引起了争议。山高石见守认为虽然是公子贵人出游，在国外远行还是尽可能减少人数，行动迅速而简便为好。何况一行人扎着日本式发辫，穿着稀奇古怪的服装，还要在腰间佩带一把长刀，刀柄上捆一层姬路皮制套，结队而行，外国人会觉得奇异而有失体面。听到山高的这番建议，加治、井坂、服部等人气愤地反驳道："我们本来是陪伴公子出国到此，而不是为留在巴黎学那些外夷的语言来此地的。如果我们不去，别想让公子行动一步！"山高、向山见此也不敢再提减员的事，大家自然想知道荣一的意见了。荣一左思右想，想出了一个轮番随公子出游的方法，草草收拾了局面。

这次突然出现纠葛，是由于当时公子一行人里顽固守旧派和革新派混合在一起。萨摩藩曾一度作为幕府管辖之外的独立王国，以琉球国王的名义向博览会送出展品。向山一履虽然及时纠正了这一错误，还是默认了萨摩太守政府这一称号。由于这一事件，他和八月来到法国的栗木鲲相互替换回到了日本。这时井坂、皆川、加治、服部四人也托病同时归国。这也是由于他们抱着旧思想，在外国旅行中多有不满，最后与其他人决裂。昭武公子原定要出访俄国、普鲁士及葡萄牙，因为一些原因而延期。此后便一直搁置公务，开始留学的生活。荣一这时起草了规约，制定出巴黎行宫公约，以山高石见守为首的13人全部签了名，从此以后荣一就致力于安排一行人的起居行动的庶务工作。

这个时期的荣一作为会计管理虽然费尽了心血，但是为日后的事业也积累了大量的经验。从京都郡代小堀数马处领了零用钱2000两，不过是乘船到达巴黎前的零用钱而已。与法国皇室政府的交际费用，及周游列国的费用，先后由外国奉行向山一履、栗本鲲处支付了。此外还从外国奉行处领受了几次杂务费。自从结束出访诸国，昭武成为留学生之后，从本国寄的钱就经常不足或中断，荣一不得不更加费心。幸好通过勘定奉行小栗忠顺的周旋，从荷兰贸易商社里每月汇来25750法郎（合当时日币5000两）的汇款，以此为每月的固定收入。可是到了明治元年（1868年），不得不进一步节省开支，便将公子的物品能卖的都卖了，只剩下马车一辆，公馆里雇佣的差人和女佣也尽可能辞掉了。每月以不到2万法郎的经费支付各方面的费用，将所节省的金额存在银行里，或买铁道债券、公债、证券等以利滚利。此外他还替众人想出个每月每人按一定数目存钱，以便急用时相互帮助的方法。这些知识是从周围的法国人那里学到的。幕府委托的名誉领事佛罗里拉特曾经在巴黎开办过银行，西伯里昂曾是商人，还有雇用的房屋管理人邦香过去虽然是军人，也热心于经济。荣一从这些人那里学到了欧洲的经济管理知识，还通过与银行、公司、交易所等的实际接触、观察，得到了一些经济知识，付诸实践。如租借贝尔戈·雷斯馆时，由于馆主的要求，荣一与珠苏雷火灾保险公司缔结了契约，以向山一履的名义，支付了356.8万法郎，这类事在当时的日本还难以理解。另外荣一还以昭武公子的名义捐款给巴黎各种贫民救济事业。在这个过程中他逐渐懂得了慈善事业是用什么方法来组织和经营的。在当时，日本有许多人士在发达的、进步的欧洲社会里游弋，但都如水中的卵石一样不吸收水分，于己无益，于国无补，而荣一则像置于水中的海绵一样，汲取了欧洲社会的各方面知识，并将其付诸实践。

就在公子一行刚刚进入稳定的生活，留学也逐渐取得成绩的时候，邮递员突然送来了一封皇室的信函，通知昭武公子，幕府已经大政奉还。面对这封信函，大家不禁愕然。这时正值庆应四年（1868年），即明治元年（1868年）的元月二日，巴黎市民正在喜庆新年。荣一等人此后通过本国的来信及法国的报道逐渐地了解到了国事的艰难。荣一曾经十分清楚萨摩藩、长州藩的险恶用心，也目睹过幕府的危险，对国家前途、将来的社会变化早已忧心忡忡；现在又远在天涯海角，簇拥着昭武公子，眼见鸟巢被捣，更是心如火焚。

日本国内的变革，是日本历史上的一次重大的革命，其详细的内幕、过程相当纷繁复杂，在这里不可能逐一记载。简单地说，庆应三年（1867年）十月十四日，德川庆喜上书天皇，请求大政奉还，十月十五日天皇召见德川庆喜，批准他的请求。然而萨摩、长州二藩早已蓄谋以武力推翻德川家，在十四日早上，大久保一藏、广泽兵助二人得到了讨幕的敕书及诛灭松平肥后宋、松平越中守的敕书、锦旗。在这样的形势下，明治元年（1868年）元月三日，萨摩藩兵对着以"清君侧"

旗号企图进入京都的德川家部队开了火，在鸟羽伏见及其他地方两军交战，德川家背负着朝廷之敌的罪名，兵败落荒而走。德川庆喜不愿继续抗战，从大阪乘舰于正月十二日回到江户，于是萨摩长州的阴谋得逞，江户的势力溃不成军，萨、长二州的锦旗东指，所向披靡。二月十二日庆喜离开江户城被引渡给萨、长二藩，同时庆喜奉朝廷命令出上野。十五日入水户被软禁起来。二十一日大总督有栖川宫进入江户城。到此德川幕府基本崩溃，政体完全变革，新时代的曙光开始展现在人们的眼前。

国内一些急剧变化的形势通过书信及法国报纸像潮水般冲击着逗留在法国的一行人。二月二十五日荣一从报上读到关于鸟羽伏见战役的报道时，荣一不禁愤然而起。事至此，萨、长二藩已成为奸敌，只能以武力争曲直。对公子的去向，荣一认为现在公子即使回国也无济于事，不如就此长期逗留在欧洲学习，等待成才后伺机回国为好。几乎在同时，他收到了同样意见的庆喜的信函。到了四月份，从日本又传来了信函，命令昭武公子继续在法国留学，其他分散在各国的所有留学生全部回国。外国奉行栗本鲲以幕府瓦解为理由，四月二十四日率领井坂、山内、木村、高松、大井等人踏上了归途，剩下的事务托付给荣一及留学生负责人栗本贞次郎。由于留学生们归国的费用，日本政府没有具体的指令，荣一挪用了昭武太子的预备存款，分发给英国留学生川路太郎、中村正真、外山正一、箕作奎吾、箕作大六等 14 人，荷兰留学生林研海等 3 人，法国留学生 6 人，俄国留学生 4 人，以使他们在归国途中不至于有失体面。荣一这时还不知国家的前程将朝什么方向发展，又缺少钱物，在这样的情况下他随机应变，合理地、巧妙地处理了这个棘手的难题。

不久从国内又传来了命令："不久前寄给了荷兰贸易商社金 2 万两，凭此你们可以生活一段时间，望你们继续节省经费，坚持下去。"看来形势飞快变化，德川家担心不能继续向荷兰贸易商社支付汇款，才寄来一部分钱，以确保他们未来的几个月的生活费。荣一于是更加节省开支、解雇了几名私人教师、将昭武公子送进学校学习。从豪华的公馆迁到小楼里，打算贮存一笔钱，以便万一荷的汇款中止时，仍能维持二三年，还准备在紧急时从自己的父亲那里要些钱。市郎右卫门收到这封信，爽快地答应了荣一的请求，并着手办理手续。虽说荣一以私充公的行为是迫不得已，但仍不失其勇于牺牲的精神，而他父亲答应了这个要求更为感人。实际上这件事还没有来得及实现便中止了。这是由于五月十五日邮递员送来了朝廷的命令书：王政一新，昭武公子立即归国。

对朝廷命令书，公子一行当然没有拒绝执行的余地，但是因为昭武公子留学是法国政府与日本旧政府之间的协议，所以公子将这个情况报告给了法国政府。法国政府回答道："待我们问了日本政府后再做决定。现在已经寄出了书信函，在回信到达之前你们可以认真考虑。"随身教师乌莱德提议道："在回国之前参观一下法国的军港炮台一定会有好处。"公子等人听从了这个意见，从六月十四日起参观了几处炮台。荣一除了参观军事设施获益不少外，还于七月七日参观了卢浮的木棉纺织场，看到该工厂的机器每小时织 29 米的宽幅布后，深有感触。当时日本连做梦也想不到有这样的机器。

七月二十日，水户藩厅传来消息：一是让公子根据朝廷命令赶快回国，二是派遣井坂泉太郎、服部润次郎作为使者迎接公子。在这之前的四月，水户藩主庆笃逝世，嗣子笃敬尚年幼，因此决意将昭武公子由清水家复姓，回水户家作藩主，将来由笃敬继任水户藩主。决定以后，便通知水户家的亲家、东征大总督有栖川宫，以大总督府令催促昭武公子一行回国。由于这些原因，法国政府与德川幕府的友好政策也发生变化。于是德川幕府尽快地与法国进行交涉。八月六日，井坂、服部也抵达法国，昭武公子积极准备回国，于是解雇了语言教师乌莱德、波瓦谢尔，绘画教师琴乌，射击教练斯皮尔蒙等人，从荷兰贸易商社领回德川家寄来的 2 万两金中的余额，卖掉持有的全部铁路债券、法国公债等，解除了租借贝尔戈·雷斯街的公馆的契约。家具、日常用品有的带回国，有的送了人，还有的低价出售。旧幕府曾一度打算在横滨、横须贺经营两座制铁厂，特地命令外国奉行柴田刚中与法国政府商议雇用了技师和工人，购买了机器设备，可是还没来得及支付完购金，国内政局就一变如此。于是荣一从昭武公子的预备金里拿出六万法郎，加上卖家具、日常用品的钱及幕府向博览会出展的展品卖掉的钱，合起来偿还了这笔债务。离开法国时，物钱两讫，账目清楚。在荣一合理妥善地处理了这些琐事之后，昭武公子便谒见拿破仑三世，感谢在法国逗留期间对他的热情款待，并与诸官员道别，九月四日从马赛港乘英国邮船，踏上了归途。随行人员有荣一、山高信离、伊东玄伯等9人。沿途港口码头没有人来迎接。公子一行不知回到故国后将是什么样的命运在等待着他们。幸好海上风平浪静，最终他们于这一年的十一月三日抵达了横滨港。

失意的荣一

到达横滨后的荣一，看到这里的一切都变了。出国时他作为将军弟弟的随从，受到了老中及各级官吏、法国公使罗素等达官贵人的热烈的欢送，现在虽然身处在同一个港口，但主公庆喜已经被推翻，成为阶下之囚，幕臣犹如丧家之犬。荣一在港口接受检查时逐一地被盘查，像一个小偷似地被检查，他对所见所闻感到不快。公子被从水户来接的人簇拥着立即回到东京，而荣一则作为一个随从人员，必须留在横滨，从船上领取所有的行李物品。其间，去年八月离开巴黎，先返回日本的杉浦爱藏来迎接，热情地照顾荣一，一起寻访旧友。坐在阔别已久的和室，吃着和食，听着亲切的家乡话，荣一才稍觉心情舒畅一些，可是听着听着，不由得又怆然感叹。当初曾共同离开故乡，一起经历流浪困苦的喜作辗转于彰义队、振武队，现在反败为胜的希望渺茫，困守在函馆五稜廓里；被投入狱的尾高长七郎虽获释，心疾仍然久病不愈；富有学识、地位，使自己作为昭武公子随员出访列国的原市之进在前一年八月十四日被幕府同心（从事警察与庶务的役人）铃木丰次郎、依田雄太郎、与力（指挥警察与庶务的役人）铃木恒太郎杀害；自己的启蒙教师、知心朋友、义兄尾高新五郎激于德川氏的冤屈，挺身救援，与喜作一起参加彰义队，然后在饭能地区组织了振武军，五月二十三日遭遇到官军的袭击而兵败，与喜作一起逃向伊香保，又潜藏在草津，好不容易才回到故乡手计村；荣一的义弟、养子平九郎在振武军兵败时欲逃往大宫，半道上在一个叫作黑山村里与官兵死战，最后剖腹自杀。其他友人也都在战乱中或死亡，或下落不明，或蛰伏，或随军南北征战。天下大势虽然已定，余焰仍然未息。在这秋风瑟瑟、树寒草衰的景色中孤身一人、孑然而立的荣一此时该是何等的伤感啊！这时他脑海里还浮现着绚丽繁华的欧洲城市，相比之下眼前的景象使得他百感交集、感慨万分。荣一如果是一个诗人，此时此刻内心一定会涌现出伟大的诗篇来。然而他不是一个单纯的诗人，而是一个建功立业的勇士。此后不久他就创造出了惊天动地、轰轰烈烈的事业。

荣一这个时候并没有放纵自己的感情而沉溺于伤感之中。回到横滨港以后的一个月里他确切的行踪已经无法知道，大致上除了在小石川的水户官邸里参见了昭武公子外，可能还在横滨、神奈川、东京等地四处寻访，观察社会的实际状况。由于这时他的地位仅是一个刚回国的浪人，不可能看到事情的真相，亲耳听见证据确凿的评论，所以似乎又回到了被一桥家收容前在京都度过的流浪生活。荣一回到日本应是十一月三日，而不是十二月三日。有些传记里写成十二月三日，这个说法不可信。如果是九月四日从马赛港出发，那么十一月三日归国，航海天数在 59 天左右。如果与赴巴黎时的航海天数相比，一月十一日出发，三月七日抵达，大约 56 天，两者相差不大似乎可信。如果是十二月三日归国，相差一个多月，抵达日期未免太晚。也许是十一月三日至十二月三日之间荣一的行踪无法得知，而误传为十二月三日。其实在当时社会形势剧变，荣一又突然成为身份不稳定的浪人的情况下，他必然会首先观察国家的发展、变革的趋势，然后再决定自己的去向，考虑自己应该做哪些事。事实上荣一的脑海里也一定对新政府和旧政府两方面，对支持和反对新政府的两种势力及其在新旧两个政府里供职的亲戚朋友的生死沉浮都有所了解，并持有自己的观点。只是这些见闻和观点都不以公开的，而是以个人的形式存在，都不是以连续的而是断续的面貌出现，其结果也只是隐藏在内心里，所以不妨将这段时间看作空白。

　　这期间荣一忙于杂务，奔走于东京一带。做父亲的思子心切，市郎右卫门往怀里揣进一笔数目不小的金子就立即奔赴京城。在柳原的剑术道具师梅田慎之助家里，父子二人久别重逢。父亲想到荣一在这动乱之世没有个稳定的身份、职业，不免担心地问他将来打算如何，并要给他一些生活费。荣一离家六年，看着眼前的父亲，不禁未语先泪，说道："现在我不愿去函馆，也不愿供职于新政府，暂时只能像其他的幕臣一样，生活在前将军的身边，虽然无意于乞怜静冈藩，还是去静冈为好。幸好我这次亲眼看见西洋诸国人民的生活方式后有所考虑，将来想法另谋生路，有余力时再效劳于旧君。"父亲市郎右卫门看到荣一已和当初从家里拿100两金上京时大不一样，办事老成持重，说话留有充分的余地，心里说不出有多高兴，希望荣一能回家一趟，看望一下妻子儿女、亲戚朋友。后来，荣一照父亲的话，回家逗留几天，又赴东京了。

　　回东京后的荣一重新整理了在法国逗留期间的收入开支，将行李货物里属于水户藩的交还给水户，又将从法国带回的逗留费用分出一部分作为昭武赠送水户礼物的费用。经过静冈藩厅的许可，他将这笔约8000两金的经费购买了360支枪支，72000发弹药，还有短枪、银钟等，从横滨的瑞士九十号商馆购入，送到了水户藩。昭武虽然已经继承了水户主的要衔，但在旅欧时大小事务一律委托给荣一办理，荣一又件件处理得当，稳妥牢靠，深得昭武的信赖，所以昭武想挽留荣一在水户作为辅佐。荣一此时只想到自己对水户的义务已经完成，从此可以去静冈寻访德川庆喜了。于是他抱着这个想法来到小石川官邸向昭武告辞。

静冈的中老是大久保一翁。此人掌握着藩政的实权。庆应二年（1866年）时他公开主张君主议政制，后来又反对征讨长州，一直被幕府派视为奸贼。大总督府接管江户时不得不委任他和田安中纳言、胜安房守三人为江户镇抚取缔之要职，就是因为他政治感觉敏锐，手腕高明。荣一谒见一翁时，将旅欧时的情况逐一做了报告，并说明了财务收支决算及未处理的事务委托给了领事佛罗里拉尔德先生等情况。有始有终地尽了自己的职责。最后荣一请求一翁将昭武的亲笔信转交给庆喜，精明的一翁听完后不仅了解了整个旅欧的状况，也了解了荣一的为人。

十一月二十三日，荣一在宝台院谒见了被软禁、隐居起来的德川庆喜。除了传达昭武的话以外，他还将欧洲的见闻，留学的始末等一一陈述。庆喜听后不禁大喜，褒赏之辞溢于言表，重重地犒劳了荣一一番。荣一看到隐居中的庆喜的寂寞生活，暗自流下了眼泪，告辞回家后便开始等庆喜的回音，可是一等就是两三天。由于想尽早拿着回信返归水户，荣一便私下寻访了旧相识梅泽孙太郎，问道为何不见主上的答复。没想到第四天藩厅突然传话来，要召见荣一。荣一急忙赶到藩厅，看门人没让他进，说是长官有公务相召，无制服不能接见。荣一只好回家借来官服再到藩厅里。原来是静冈藩已经任命他为勘定组头。这个消息太意外了，他马上找到勘定所的勘定头平冈準藏和小栗尚三二人，说道："今天接到命令我非常感激。只是目前负有携带书信给水户昭武公子的要务在身，不完成这个任务我难以接受任命。为了能尽早得到主公庆喜的回音，希望你们代我催促一下。"平冈听了此话，便进到中老的办公室，过一阵子后出来说道："大久保中老吩咐了，水户带信的事另外找人，你不必操心。既然已经命令你出任勘定组头，就快速接受委托便是了。"荣一听了此话后，忍不住发怒回答："既然如此，我便难以从命，对不起了！"说完扭头就回旅馆了。

在勘定所里供职的人中有位名叫大坪的曾经认识荣一，平冈便命令大坪私下寻访到荣一的旅馆，问是什么原因使他拒不接受任命。荣一怒气未消，所以回答也没好气："我到此来是为了报告过去在国外工作的情况，并且将昭武公子的亲笔信交给庆喜，然后向水户禀报，并不是为了在这僧多粥少的静冈藩里挣70万石的封禄地安身立命。大久保中老也许是出于犒劳海外工作的辛劳，赏赐我百俵左右的禄食。我实在难以接受。民部公子本想亲自来此地，向庆喜主公倾诉手足情，只是因故不能实现这一愿望，才亲笔写了书信。我转交了这封信后久未有回音，才到藩厅里来打听。不料大久保却说回信由他们办理，我不用回水户，就留在藩厅里供职。这岂不是太不合情理了！大久保也好，平冈也好，你就照我的原话传达！"荣一就这样发泄了一通心中的不快，打发大坪返回藩厅了。到了晚上大坪又来到荣一住所，告诉他道："贵兄的所见我已向大久保说了。大久保说其中还有些原委，他想直接和你谈一次。"第二天大久保就下了通知，说想约见荣一。荣一到了藩厅，见到大久保，大久保说道："足下所见也不无道理，然而一切都是主公庆喜的安排。你若完全按照自己的想法事情就不好办了。"大久保接着将事情的前前后后叙述道："从水户特地来了照会，关于你的身份问题，水户方面一定要我们将你送还给他们。然而主公庆喜的意思是：你若去水户，民部公子必然会重用你。如果你感其恩德而尽力效忠，则恐水户的党徒不能相容，必定会产生一些矛盾，到那时就不能成为有用于水户的人才了，还不如以静冈藩因故不能遣返你回水户为由而推辞掉。至于你若带信回水户，肯定会受到水户民部公子的挽留而住上一阵子，在一个地方住久了，有了感情，又舍不得离开了，所以回信的事由我们办理。以上就是庆喜的吩咐。"荣一根本不知道水户想挽留自己，但早已知道水户的风气，所以听了这一番话恍然大悟，既感激主公庆喜的厚意和远见卓识，又惭愧自己的急躁失言。

荣一虽然这样被大久保劝说住了，但还是辞掉了勘定组头的职位。他过去曾是幕府的臣，现在做静冈藩的干部本来是极其自然的事。可是荣一深知王政已经复古，藩制还不知能维持多久。在海外的生活经历也使他懂得了独立自主的可贵，勘定组头之职不能接受，事情便就此了结了。因荣一在海外有功，他特被赏赐时装 2 套，黄金 500 两。

在那份至今还保存没有日期的辞状中还写着："御勘定组头涩泽笃太夫、御役御免、御勘定头头支配同组头格御胜手悬中老手附被命。"同时还存有其他两封当时的辞状。从这些辞状来看，荣一辞掉了勘定组头，但并非完全与静冈藩断绝关系，他仍然被任命为中老手附，与勘定组头是同等级别，被视为藩里的藩吏，但这时的荣一不满足于做一个普通的藩吏，他没几天就向静冈藩里提出了一个重要的方案。

当时的日本已经完成维新大业，但还没有废藩置县；奥羽虽然已经平定，但函馆仍有战斗，在政治、军事、法律方面虽然逐渐走向正轨，但在经济方面不免还是混乱状态。幕府之溃败，从政治上说是由于外国势力的排挤和国内发生的政体改革论争。从经济上看，一个主要原因是经济走到了绝境，幕府没有能力干任何事，而后者是更重要的原因。在荣一出生的天保年间，从天保八年（1837 年）到十二年（1841 年）幕府的年收入平均是 114.07 万两，年支出是 177.5 万余两，每年都产生 63.4 万两左右的逆差。从那以后，随着社会动荡不安，费用越来越多，赤字逐年增加。到了元治年间连预备金也无影无踪。文久三年（1863 年）将军再度赴京都时的费用是通过富士见宝藏的古金银来支付的。勘定奉行并立田主水正曾经叹息："如此下去不出数月便不能支撑。"第二次的长州征伐半途而废，失去了进击之势，就是由于巧妇难为无米之炊。庆应三年（1867年）四月塚原但马守及小栗上野介等企图在阪地设立商社，发行钱币，但没能实现。同年关东的早川能登守等企图发行银行钱币，因周转不畅，也半途而废。就在这种情况下，小栗主张如果不从法国借一笔相当数目的钱，则无法挽回败局。德川庆喜却坚持一不借钱，二要大政奉还。由于庆喜的正确态度，幕府溃败，国家的命运转向光明的道路上，而在这个时候出现的明治政府仍旧存在经济上的困难。当时的政府要员都是豪杰，哪会想到勘定奉行的意见？既然要钱，造钱不就行了吗？就这样，造出了当时相当大数目的5000余万两钱币。这就是所谓的太政官札。人民视之为福还是祸，暂且不提，这种略厚的日本纸像点心盒盖上贴着的四方纸一样大小。普通百姓虽然敬畏其威严，但将这种与黄金不同的纸币视为天下通用物而接受，实在是迫不得已，所以纷纷以148.3两的价兑换黄金100两。可以想见十天之内其兑换率是怎样激烈地变动着。此时政府也早就想出了好主意：命令当时的各藩，也就是旧大名，每一万石俸禄的必须借用钱币一万两使用。其偿还办法是每年春天还十分之一，十三年还完。目的是富国强兵，以此款项兴殖物产，振兴国家，决不能用于各藩的官场应酬。各地商贾如有欲借用者，应根据其生产量分别借出。另外各地裁判所和诸侯领地内的农商等也应根据不同身份借钱给他们，还钱时必须偿还相当的利息。所借金额内，每年上交的钱币在会计局里销毁，偿还的钱币不能兑换。按以上这些规定，政府将钱拨给了各藩。静冈藩是70万石的俸禄，按规定必须借70万两，当时已经拿到了53万两。政府的此项措施实质上是将5000万两不能兑换的纸币强行摊派给社会，以使其在社会上通用。这种纸币是明治元年（1868年）五月十五日发行的，当时的布告明示是为了将兴殖产业资金转让给地方，以救燃眉之急，其实是救政府自己的燃眉之急。

根据荣一的回忆，他一到骏河这个地方听说了这件已家喻户晓的国家大事，就考虑出成立商会的方案。荣一立即拜访了藩里的勘定头平冈準藏，说出了自己的想法。这个準藏是早年荣一曾经在京都陆军奉行支配调役工作时的步兵头，也就是荣一的上司。二人重温旧交，情义相投。荣一说道："听说静冈藩这次借钱有50万两以上，可是用钱容易还时难，如果将这笔借款全都用于经济方面，以此为核心，联合地方豪商的资本，成立一个信誉坚挺的商会，专门经营贷款、买卖事项，息滚息，利生利，就能使这笔借款发挥应有的作用，同时也能促进商业界的进步。西洋诸国所推行的合并资本、经济共存的原则是发展商业、繁荣经济的一大良法，今后必须利用此法以求进步。一人一户型的农商经济能力有限，又有倒闭、破产的危险。这次若能成立商会，实现集金主义原则的话，由于以借款为核心，所以请勘定头出来负责、监督，只是请求在经营企业管理方面交给我负责。我将从地方商人中选拔出有实际经验的人才，委以具体事务，充分发挥集金主义的威力，公私兼顾，两者皆得利。"荣一口若悬河地说了一番法国及欧洲诸国流行的商会组织的道理。平冈听后马上回答道："行！希望你另外写一个详细具体的书面报告，我们拿去藩议政所讨论。"荣一于是十分详细地列出经营方案，连具体的盈亏明细单也附上交给了平冈準藏。这个方案在年末就付诸实现。

次年是明治二年（1869 年）。平冈通过藩议政所批准了成立商法会所的报告。一月在静冈县的洗染街设立了商法会所，又在东京及清水港设立了支社。资金由藩厅里出资 16628两，借款金额 385951 两，换算成金为 259463 两左右，合计294717 两左右，纸币 3830 两。这就是商法会所的总资本。其中藩厅出资的 1.6 万余两的三分之一，是民部公子访欧时荣一节省而来的，在回国后转交给静冈藩的一笔钱。

商法会所一方面要处理银行事务，另一方面要买卖借贷米、茶、蚕纸、丝、油、盐、砂糖、纸、鞋、肥料等，还附带经营仓库业、运输业、救济业及是非争端的调查工作。藩士大村小四郎、平岛直一郎、坂本柳左卫门、田中彦八、吉田德左卫门、黑泽隆藏、服部平八郎、前田重辅、伊藤三四郎、黑柳德三郎、荻野健太郎、渡边源次郎等人担任会所经理，民间有北村彦次郎、荻原四郎兵卫、胜间田清左卫门、宫崎五郎左卫门、野吕整太郎等30余人担任御用达（宫内厅的御用商人），其他还有御用达介、手附头取（主管农政的官员）、手附（管理农政的下级官员）40余人，御用达任命了清水港、滨松、江尻、中泉、藤枝、岛田、兴津、大宫、沼津等人及骏远二国的豪族富农。商法会所的全部经营管理责任交给了荣一。勘定头平冈四郎、小栗尚介作为监督，中老大久保一翁作为总指挥。当时依然是官强民弱的时代，所以商法会所以半官半民的组织形式出现在全静冈藩的商业界、经济界。荣一兢兢业业地工作着，成绩也一天一天地显现出来。二月中旬，荣一的妻子与新五郎一道由血洗岛来到静冈藩，在洗染街商法会所的荣一新居里，出现了长久未有的家庭和睦的景象。须永於菟之辅、武泽、熊泽、芝崎、高木南等与荣一有姻缘关系的亲戚及振武军数人也寄居于荣一处，新五郎此后也久居此为商法会所尽忠了。

六月，荣一为了接受政府关于在法逗留期间的工作检查，在藩厅的命令下赴东京。前一年从法国出发的时候，荣一从德川昭武的经费中抽出8万法郎支付旧幕府所欠法国商社的债务。归国后听说新政府也支付了那一笔债务，于是他于同年十一月写信给佛罗里拉尔德，说明原委，要求返还8万法郎。对此，佛罗里拉尔德回答道："没有日本政府正式的命令难以接受你的要求。"新政府因为不知道这一外务事项，所以便询问静冈藩。荣一到了东京后详细地写了汇报书，事情马上便水落石出。此外还有些博览会展览品的收集、保存问题，政府也无人知道，同时命令荣一处理遗留问题。荣一本来就善于有条有理地、合理地处理矛盾，直至彻底解决为止，所以尽管他花了一些时间，但到了八月，一切手续都结束，只等佛罗里拉尔德将钱款寄来了。荣一办完这些后于八月十五日返回了静冈藩。通过这件事新政府发现了荣一良好的人品及才能。

荣一在东京逗留处理上述遗留问题的时候，静冈藩内部出现了一些争议。明治政府不愿承认新发行的纸币与黄金之间的差异，而实际上在静冈商法会所的经营中常常不得不承认这种差异，加上其他原因，终于引起了矛盾。荣一一回到静冈藩，大久保便命令他详细调查。荣一调查后，很快便于八月二十七日废止了商法会所，九月一日重新成立了常平仓。所谓常平仓仅仅是商法会所的别名而已，实际上除了换几个听差杂役外，依旧经营肥料的租贷、米的买卖等。废除商法会所时，将过去的经营成绩一查，仅仅几个月里，以不到30万两的资金获纯利85651两，这不能不说是大成功。荣一的才能受到了人们的称赞。

在求功心切心情的驱使下，导致商法会所利润急剧增长。十月三日常平仓事务所迁至常盘街，紧接着又迁至和服街。

就在荣一专心于经营事务的时候，十月二十一日太政官传来了通知，要荣一立即赶赴东京。常平仓这个名字是大久保所起，据说是汉代有个什么典故，其实是荣一引进欧洲的经济制度，惨淡经营到今天的程度。他一心一意想为今后的经济、实业界尽些微力，不愿意去东京，于是将这一想法告诉了大久保一翁。谁知大久保回道："不行，这不像话！东京召见你，而静冈藩以你是藩士为由拒绝，这不成体统。赶快去东京！"

对大久保的命令，荣一只得服从。于是他十月二十六日离开静冈，十一月谒见太政官。这时荣一才知道自己被委任为明治政府租税司的官吏了。所谓租税司属于民部省管辖，民部卿是伊达宗城、手下有大隈重信、伊藤博文二位重臣。日常的工作都是这二人负责处理。当时的政府面临新的时代、新的事业，极需招募、起用具备新知识的人才，特别是了解西欧诸国的社会结构，精通财会业务的人才。这一年的夏天政府为处理法国佛罗里拉尔德的还款问题而请来了涩泽荣一，自然地荣一的名字在政府官吏中传开来。也许是政府调查了荣一的经历后决定任命他为租税臣。因为连荣一本人也不知道当时是谁推荐他的。民部卿伊达宗城曾是伊豫的宇和岛藩主，最初是幕府旗本山口相模守直胜的次子，后来作为伊达宗纪的养子继承了世袭的封地。这年九月被任命为民部卿之前，曾是禁阙警卫军事参谋兼理外国事务。这一年日本确定了铺设铁路的计划。与某国之间缔结借款条约的事也落到了宗城的身上。这些事务必须委任给有熟知外国社会、具备经济知识的人。荣一自己虽然没有提到此事，但可以推测出就是因为上述一些原因，明治政府才想起荣一来的。

铺设铁路的消息，在全国各地不胫而走。大隈、伊藤二人主张排斥旧制全面创新，建设一个文明开化，朝气蓬勃的新国家。其中一项措施就是铺设铁路，开动蒸汽车，让全国人民耳目一新，带来新时代的气息。可是朝野上下议论纷纷，认为：昨天还是八抬大轿满街跑的社会，今天就打肿脸充胖子，借款铺铁路，这无异于祸国殃民。其实这是保守势力借口维护稳定与革新开放势力针锋相对。不仅是铺设铁道，社会各方面都存在着新旧思想的对立。由于革新派刚刚推翻幕府，成立新政府，所以势力自然强大。可革新派又是打着王政复古的旗号成立新政府的，所以佛教势力、国粹派势力、神道派势力及攘夷势力也各占一席，不甘示弱。加上新政府虽然推翻了幕府统治，但破旧容易立新难，新政府该怎样领导国家，谁心中都无数。遇上重大事务时，大家多半是束手无策。面对这种状态，位居高位的领导人下决心广招德才兼备的人才，用当时的话来说就是：人才人才，人中之才。荣一的经历在这种形势下正好具备担任新政府官吏的资格，因而受到改革激进派的青睐而被迎入新政府。

第三章

明治官员

改革旧制

荣一就这样离开静冈藩这一孤木，迁移到了中央政府的参天大树上，但是在这里他既无亲戚友人，工作上又没人向他交接班。这对刚刚诞生，犹如新建大厦一样的新政府来说是情理之中的事，可是荣一却感到十分别扭。他不由得想道：像这样待下去也不是办法，在静冈藩时热火朝天地工作，将来的成绩也指日可待，还不如辞官回静冈为妙。他拜访了大辅大隈，首先略述了自己的经历，然后说道："我在骏河时已计划好，现在仍想从事商法会所的工作。与其在这生疏的职位上徘徊，还不如回静冈藩。"大隈说道："打开窗子说亮话吧！足下说没有经验，无法胜任工作，其实在民部省和大藏省里供职的人不光是足下，就连我们对工作也不可能有现成的学问和经验。财政也好，税法也好，工商立法也好，货币、度量衡的事也好，邮政也好，没有一个人对这些事是胸有成竹的。可是大家都抱定建设繁荣的国家这一根本信念，以非常的努力打破一切旧制度，开拓新的事业，希望足下也一起为国尽力。只要大家齐心协力，朝着共同目标奋斗的话，就没有不成功的事。创业之时岂有旧法可依？你应该放弃骏河的小事业，全力以赴开始新的事业。"大隈这一番话说得荣一再也没有理由推辞。从此他便铁心为新政府、新日本而努力工作了。

大隈的话完全是事实。一切不能照幕府旧制，还是要尽可能学习西洋先进国家。于是新上任的荣一主张：旧制该破除的则坚决破除，新制该确立的则坚决确立。为此，有必要设立一个专门的调查机关，广集人才于此，凡事都须经过这个机构商议审定，这个机构不妨称为改正挂。荣一的这一建议马上得到了大隈的赞同。当时的民部省与大藏省合为一体，民部卿、民部大辅、民部少辅同时也就是大藏卿，大藏大辅及大藏少辅，因此拿到改正挂办公桌上审查的事项涉及面极广。改正挂成为一个极其重要的机构。它的章程规定设专门职位，挂员们由各部门的官吏兼任，研究时既有民主又有集中。卿、大辅、少辅也出席会议。在开会的时候没有任何尊卑贵贱之分，凡事须认真、彻底地讨论，以天皇的维新誓言为工作中心等，因此改正挂里气氛明朗、愉快，议事公正，自然成为强有力的机关。后来荣一又多次强调网罗人才的重要性，他先后从静冈藩推荐了前岛密、赤松则良、杉浦让、盐田三郎等 10 余名到改正挂。有关议论事项的外国参考资料都叫盐田三郎、高岛四郎翻译提供。然后又决定将改正挂全部的记录都保存下来。经过这些努力，改正挂这个名称奇特的机构得以牢固地建立起来。从前是各部门的官吏各自孤军奋战，现在是以改正挂的名义集团进军，各种事务都能极为迅速、正确地得出结果。作为一个调查机关和最高领导者的咨询机关，改正挂的章程是明治三年（1870 年）五月签署的，而荣一最初提出这一建议是在明治二年（1869 年）十一月下旬，即荣一任官后仅十几天的时间。他杰出的才能又一次显示出来。

改正挂的设立是荣一的提议，后来他又被任命为挂长。当然这个机关里的工作不全是荣一一个人完成的。可是在那百废待兴的时代诞生的这种议事机构，各种各样的事务都像蜜蜂拥向蜂窝似的，让人应接不暇。首先是租税的问题。这直接关系到政府财政的基本收入，而荣一又担任着租税正的职务，可以说是只能搞好不能搞坏。租税历来是以实物进贡的，明治维新以后已经显得太原始落后，而且需要繁杂的程序和手续。于是荣一主张改为以通货征收的形式。可是其换算标准的确定需要长时间的调查。这是一项耗资巨大、极其困难的事。特别是国家正处在由长期封建割据的社会转变为新型社会结构的时期，实现上述以货币代替实物征收租税的目标需要花相当长时间。其次邮政也是当时的一大难题。驿递之制尚未完备，加上国家交通脉络运行不畅，邮政工作自然是困窘不堪。幕府时代的助乡、加助乡的旧制度在幕府末期弊病暴露无遗，五畿七道无不叫苦连天。于是经过改正挂讨论，决定采纳从骏河来的，精通邮政事务的前岛密的建议，付诸实行，并且任命前岛为驿递权正。这项措施获得了极大的成功。另外，度量衡的统一和精确也是迫在眉睫。改正挂曾做过相关研究，但对这件事不能轻率武断地下结论，后来只得设度量衡改正挂，将这项工作移交给了度量衡改正挂。改正挂就全国测量的程序、经费支出的方法也进行了调查，还讨论了货币制度、俸禄制度的改革、户籍的编成等议题。此外还议定了废除贱民的称呼，废除少数民族的政策，奖赏有功于国的人，并授予勋章、奖牌等制度。这些议案在几年后付诸了实践。关于兴建电信、铁道的议案，由于涉及借外债，政府内持不同意见者颇多。这时幸亏改正挂竭力铺陈其利，才促成了这件事的实现。

当时的出口品中蚕丝及蚕卵纸占主要地位，所以改善产品质量、增加产量是出口贸易的当务之急。改正挂发现仅委托某个人无济于事，于是在各港口设立出口物品检查所，以保证商品的信誉。到明治三年（1870年），改正挂以政府的名义公开了蚕业生产的具体规定。荣一还主张设立宝源局，专门促进农业、工业、矿业等行业的发展，进行实业技术教育，还主张建立博物馆、植物园、动物园，制定专利法、著作权法，建立养育院、职业介绍所等机构，其目的是开发产业、促进文明建设和国家富强，但这些提议没有在民部、大藏省讨论。总之，上述这些事业既是荣一集改正挂成员的合理意见而行，又是他将在欧洲耳濡目染的西洋文明的精粹付诸实践的火焰。

在明治二年（1869年）底至三年七月的短短几个月时间，以荣一为中心的改正挂就做了上面所说的大量工作。其中有些立即付诸实行了，有些是事后逐渐推行，也有些在当时的条件下不可能实行。到了明治三年（1870年）七月，政府实行改组，过去是合二为一的大藏省和民部省在这时分别独立，卿及辅的兼任也不可能了。荣一成为大藏省的人。八月二十四日，他被提升为大藏少丞，升格为从六位。改正挂这时仍然从属于大藏省，直到明治四年（1871年）八月官制改革时被废除为止。

这时的大藏省卿是伊达宗城，大辅是大隈重信，少辅是伊藤博文，大丞是井上馨、得能通生、上野景范，少丞是荣一、安藤就高，造币头由井上馨兼任；监督正是田中光显、租税权正是前岛密、河津祐邦，营缮正是平冈温熙，通商正是中岛信行，出纳正是林信立等。这些人物都是当时的一代俊杰。其中大隈和伊藤博文深受新政府事实上的总理大臣大久保利通的宠信和重用，权倾朝野，所以大藏省的势力也大有压倒其他省厅之势。大隈和伊藤博文还同住在筑地，共同建设新设施，年壮气盛，满腹雄才大略，颇有上九天揽月，舍我其谁之势。

荣一与井上馨等人作为群雄之首，同样是辅翼明君，忠勇无双，流芳后世。时人将筑地称为"梁山泊"，荣一就是这梁山泊中的一颗明星。

明治四年（1871年）五月九日，荣一升格为大藏权大丞，七月三日被任命为制度取调御用挂兼勤，即政府最高会议的书记官。在政府商议废藩置县时，荣一受命起草了决议。七月二十九日政府官制改革时，荣一被任命为枢密权大史，但仍然执行大藏省的事务，不久枢密权大史官制作废，八月十三日升为大藏大丞。这时他受命起草大藏省官职制度及事务章程，连续三天废寝忘食，回家后挑灯夜战，终于如期地完成了任务。同月十九日公布的大藏省官职制度及事务章程即是荣一起草的，这个章程的有关出纳部分规定：凡是支出或纳入钱款的时候，不论金额高低，都必须持有大藏卿或辅的认可的证据才能领收或支付。这是日本当时从未有过的新型的财会规定，是荣一模仿美国的形式，在同伊藤和井上馨商议后写入章程的。然而出纳寮的官吏一时难以习惯新制度，常出现手续上的错误和遗漏，为此常受批评。明治五年（1872年）五月，出纳头得能通生找到荣一，非难这种财会制度的种种不便，恶言诋毁荣一想出这种规定，害得出纳头的吏员们常常犯过失，指责这些都是荣一的责任。得能通生连骂带吼，而荣一反而冷静地回敬他道："这个事务章程虽然是我起草的，但最初是奉命而行，写好后又经过上司的批准，这才得以推广实行。足下现在即使有所不平也无可奈何。何况足下所说的不方便实际上是行不通的道理。"得能不听荣一的劝阻，反而怒发冲冠，扑向荣一。荣一正色道："这里是国家机关，打人行凶，连街头的妇孺老幼都不如，成何体统？是非曲直自有会议讨论判断！"得能只好服软，灰溜溜地退回去了。事后大辅井上馨训斥了得能，认为殴打国家干部，情理难容，向上报告了太政官后，于五月二十二日免去了他的职务。

富冈制丝厂

　　政治的改革、进步，固然重要，而真正使国家繁荣、民众富强的莫过于商业、农业、工业的进步。这正是荣一长期以来所持有的强烈的愿望。在今天来看这也许是个常识，而在那个时代，这些是武士阶层不屑从事的职业，更谈不上有人会为发展实业而煞费苦心、四方奔走、抛头露面当一个实业界领导人。政府的出纳长官可以因为嫌一项规定烦琐而殴打官吏，而谈论商业会被人认为是鄙吝之徒。在这样的社会里，荣一感慨商业界仍然墨守成规、狭隘偏执，不懂得活泼新颖的经营方式，便想以他一贯倡导的集金主义来教导实业界，以使其发挥巨大威力，实现振兴产业的目标。为此他在公务之余撰写了《立会略则》，所谓"立会"是指成立会社，他还托福地源一郎撰写《会社辨》一书。荣一将这两部书经过改正挂的商议，征得太政官同意，于明治四年（1871年）九月作为官版发行。时过境迁，今天看来，这一行动在启蒙时代具有非常大的意义。商业最根本的目的并非是图一个人的私利，而是谋求天下人的共同利益。根据这一信念，明治政府进行启蒙的教育是正确的、贤明的措施。不久又出版了《公司创办讲话》这部书，这也说明荣一慧眼识真金。后来日本各种商业公司蓬勃兴起，商业旺盛起来，尽管不只是荣一个人的力量，但他的努力也是促使商业发展的一个重要原因，至少他教会了政府重视实业界。

还是民部、大藏二省合为一体，即明治三年（1870年）的时候，当时在省里出现了改良蚕丝这一主要出口品的议题。事情发端于在横滨的一位收买蚕丝的法国商人哈梅尔对大隈重信讲："日本蚕丝质量低劣，不可能成为优等商品。"大隈于是向改正挂的人转达了法国商人的话，然后问大家道："有谁知道改良之法？"当时的官员怎么能懂得蚕丝的制造法呢？正巧荣一出身于经营农桑的农民家庭，又曾经在法国里昂对法国工厂做过考察，因此这方面的知识较丰富。他回答道："只要致力于改良，没有得不到优质产品的道理。"大隈听到这个回答，高兴地说道："那就委托足下制定出改良方法！"荣一多次请教哈梅尔，找出彼此差距后，正式聘请了法国技师布流纳先生，计划盖起一座法国式的制丝厂。最初虽然耗资巨大，可总起来看还是获利较多，所以荣一决定实行这一计划。

大隈听后也同意道："既然如此，就该依计划而行。这是日本官营企业的第一座工厂，只许成功，不能落个劳民伤财，徒损国威的名声，贻笑天下，所以必须选出合适的人才来。"幸好有一人挺身而出，勇敢地接受了重任，且意欲必胜，这个人正是尾高新五郎，即蓝香。

　　新五郎是如何在民部省，又如何在这个时候登上舞台的呢？说起来真是令人深感造物主规定的人生的脚本之深奥难解。新五郎当初在静冈县写了《移住士族授产方法》一书，并呈给藩厅，其后不久就返回故乡重新务农。没想到明治二年（1869年）乡里榛泽郡发生了备前堀事件。备前堀是横跨武州大里和儿玉郡的用水河，因庆长九年（1604年）伊奈备前守组织人挖掘而得名。其工程是分流乌川河水灌溉下游数村。在天明三年（1783年）浅间山发生大喷火时，喷出的石砂堵塞了利根川流水，利根川河水因此南流，占了乌川的河道。备前堀的河口与利根川巨流因此连接起来，使得下游一带洪水泥砂俱至，沿岸村民深受其害。宽政五年（1793年）村民们得到官府的援助将堀口堵住了。这样一来堀口下游的各个村庄又苦于用水困难。文政末年甚至有人不惜冒投入牢狱的危险掘开了河口。从此这条水路利弊各半，导致各村村民之间纠纷不断。明治二年（1869年）冬，当地的父母官，即后来被称为信夫的岩鼻县县令小室信太夫采用不合理的方案，准备堵住儿玉郡仁手处的河口，从其下游榛泽郡中濑字向岛新开一渠，贯通手计、新戒、高岛、高畑、沼尻，然后再与横穿郡内的小山河相汇合，最后建筑堤堰，使流水与旧备前堀相连接。这个工程一旦实现，仁手以下各村庄的水田必将干涸，而手计、新戒等的村庄被迫修建毫无用处的河沟，将可怕的利根川河流引导进来。这样一来村民们自然极为不满，有些人甚至商议要揭竿起义。在这种情况下高畑村的金井元治、新戒村的荒木翠轩等人出藩拜见县令和参事，请求取消上述工程。可当时仍然是官尊民卑的时代，静冈藩以违抗命令为由，压制民间意见。当时金井等人主张纠纷矛盾是由上游、中游和下游及南北各村各自为政，只考虑自村的利益，在修堰经费、人力等事情上尽量减轻自己的负担、加重邻村的费用等原因引起的。在已经开明的时代里，各村应该合作协力，公平合理地解决纠纷，这样才能消除村民们的怨气。县里的官吏听后仍然坚持道："开凿新的河口是正确的决定。"禁止金井等人继续上诉，同时召集手计、中濑、新戒、成塚、高岛、沼尻等附近各村的名主组头，用武力逼迫他们写了一封联名信，表示完全同意新的挖河工程。第二天立即破土动工，以中濑村字向岛为起点，打桩画线。事已至此，村民们忍无可忍，只得以武力相争了。新五郎过去曾是彰义队振武军首领之一，这时自然不会袖手旁观。他向村民们宣传道："有理走遍天下，无理寸步难行！暴动的事就交给我，我绝不会让乡亲们失望。"于是周围一带十四村的人民纷纷签名盖章，在新五郎的带领下，径直奔赴东京的民部省。当时的民部省相当于今天的内务省，处理这类民事纠纷案件是职务之内的事，所以民部省将职员派往藩厅和民间调查，并将尾高新五郎、荒木、金井三人传到民部省询问。新五郎从备前堀河的沿革变迁讲起，一直讲到其中的利害关系，还有县吏的妄断、胁迫，村民们的忧虑、恐慌和愤怒之情等，有理有据，雄辩有力。有趣的是听新五郎这一番话的就是后来成为明治政府的法律泰斗，被世人所崇拜的大审院长玉乃世履。他边听边想：了不起！像这样的人才埋没在民间太可惜了，应该起用。后来他看到新五郎在姓名的开头写着寓居于涩泽租税正处时，便问荣一这新五郎是什么样的人。荣一如实地回答了。玉乃于是在判定上述诉讼案件之前任命新五郎为民部省监督权少佐，负责听讼、判案的工作。昔日是民间诉讼人的新五郎今天成了中央政府里的判官。开凿新河口的计划自然被勒令停止，事件得到公平合理的解决。

尾高新五郎就这样进入了民部省。民部省从春天起就一直在商议改良制丝的工艺，最后由大藏少辅伊藤博文，大藏少丞涩泽荣一与法国人杰伯思签订协议，从法国聘请了布鲁那技师为技术指导，并且委派民部省大辅大木乔任与布鲁那缔结了合同，荣一等四人被任命为制丝厂主任。这是十月七日的事。

处理制丝厂日常工作的当然是新五郎。他常常陪着布鲁那来往视察上野的高崎、前桥、下仁田等地。他们最终选定富冈的村公所旧址，于是买了这块地皮为厂址，开始了日本第一座大规模的工厂的建设。今天看起来也许会很奇怪，当时社会上的人对政府直接插手民间的生产和经营不可思议，怀疑政府官员是否懂得制丝技术，没有人真正地支持这一事业。甚至有人抱着反感情绪，认为这是哗众取宠，企图破坏工厂建设。此外还有一个重要原因，即忌讳、排斥外国人的传统心理作祟。布鲁那夫妇连沿途的住宿都受到拒绝，为此新五郎常常弄得狼狈不堪。为了建造厂房、办公室、仓库、干燥室、职工寮、教师公馆、女工集体宿舍、医院等设施，需要木材及其他材料；而富冈是武州本庄至信的追分地区的信浓支线上的一个小站，要将这些材料弄到手是很困难的。为了得到木材，他们决定在妙义山的森林采伐。有些当地人认为将天神御山的木材砍伐给红毛夷人使用，天理不容，请求官府撤回这一决定。新五郎只好说服当地民众道："天神是保佑人民繁荣富裕，给当地带来幸福的灵神，不会反对金银像雪花似地落到人们手中这样的好事。"幸好采伐的那一天天气晴朗，风和日丽，民众这才罢休。木材好不容易到了手，又愁没有砖瓦。当时连砖瓦这个词都没有。于是新五郎命令乡里附近的明户村一个叫作韭塚直二郎的人陪明户村的瓦师速来富冈，跟从布鲁那学习制砖工艺，同时寻找制砖土。正好在富冈东边一里远的福岛町有合适的土壤，这才算解决了砖瓦问题。

接下来又是水泥的问题。没有水泥，布鲁那、建筑师巴士勤、器械师贝兰等人设计的工程图只是一张废纸。新五郎于是从手计村叫来了堀田鹭五郎及其子千代吉，命令他们设法将日本的漆灰工艺加以改进，制成良品用来代替水泥。这样费了一番苦心后，终于盖起了三栋欧式洋楼。这几乎是日本建成的第一座砖瓦建筑。到了明治五年（1872年），先后建成了制丝车间厂房、供300名女工住宿的宿舍、仓库、干燥车间、贮水池等设施，同时机器设备也安装完毕。

在面积近300坪的土地上，如同岩石般的建筑群拔地而起。从奇特的大烟囱里冒出浓黑的烟，不知为何物的巨大机器像旋风似地转动……面对着这些初次见到的庞然大物，乡下人不知所措，继而被某种莫名的恐怖所袭扰。偶尔有人看见西洋人正在喝葡萄酒，立即就在村民中流传着他们是吸人血的恶魔，他们所建造的工厂是基督教徒的魔法，凡是靠近这个工厂的人都会被吸掉精血的消息。相信这种臆测的人越来越多，招募女工时竟然没有一个人应募，宽阔的制丝车间里毫无生气，阴森可怖，只有从法国雇来的女工希贺、莫里哀、雪莱、巴兰四人。有关吸血、喝血酒的妄谈一直到明治十年（1877年）还在偏僻的地区流传，加上机器运转时看不见原动力在何处，只看见许多根传动带及齿轮在急速地运转，第一次亲临现场的人的确会心生恐惧，因而暗暗怀疑是否自己身体内的血被吸走了。这种心理在当时是可以想象的。可是招不到女工就无法开工，新五郎只好让自己 13 岁的女儿勇子学习制丝技术，又动员亲戚朋友中的少女加入，勉强凑了 10 人左右。过了一阵子，武州小川町青山村的富农青木传二郎之母照子率领 30 名少女来到工厂成为女工，手计村的松村鹭子，同族尾高治三郎之妻若子等人也先后来到工厂。初期阶段的女工都是富农、商人、士族及地方官吏之女，这种人一般都较早地认识了时代潮流。从这一点也可以看到当时社会的一个侧面。上州一带有人率先成为女工的消息传开后，相隔甚远的长州、防州等地也有山口藩士族等女子 200 名成群结队，翻山越岭地来应募。这样总算解决了女工的问题。这些女工中还有井上馨侄女鹤子、仲女二人，由此可以推想井上馨、伊藤等人为了解决荣一主管的最初的官营模范工厂的人手不足的困难，在自己有影响的地区厉行奖励，积极宣传，鼓动。如果这个新兴的工厂遭到失败，则一切的新兴工业都将遭到挫折，欧洲文明的普及必然要推迟相当长的一个时期。井上馨、荣一等人正是为了给当时的民众鼓起开国创新的勇气，才如此不惜尽一切努力的。

经过一番周折，现在是万事俱备，只欠东风了。当时人们还不知道机器运转的主要动力原料煤炭就是日本所说的"乌泥"，只好按外国技师的建议，从大洋彼岸的法国运到日本岛，然后从横滨港用人力搬运到 30 里远的富冈。从欧洲买来高价的煤炭制造丝是不可能获得经济效益的，尾高新五郎为此费尽了心血。好不容易在距富冈七里远的高崎乘附山找到一种褐炭，可以充当代用品，新五郎立即主张用这种煤炭，而法国技师则以质量低劣为由反对。新五郎坚持自己的立场，最终还是用了这种煤，大大节省了运输中的昂贵费用。明治八年（1875年），法国技师聘用期满，新五郎竭力排除众人的疑惧，大胆地解除了聘用契约，这样工厂就成为以日本人自己独立经营的，产品质量优秀的日本第一座近代工厂，获得了国内外的好评，贸易上也获得巨额利润。从这以后仿效富冈建起制丝厂的如雨后春笋，层出不穷。

富冈制丝厂获得成功是荣一辞官之后的事。荣一并非是直接的经营、管理者，但是荣一此举却激发了大隈、伊藤博文、井上馨等改革实权派的热情与信心，成为以官营企业带动民间企业、在民间树立楷模的急先锋，也是打破旧幕府时代的经营型、开创明治各行业的商业发展的急先锋，广而言之，也给当时日本的沉闷的社会带来了一股清新气息。难怪后来制丝工厂获得成功时，当时的长官松方正义对新五郎不无得意地说："这一下不光你光彩，我也总算放心了。"

万事开头难

明治初年还有一大事业，这就是货币制度改革。安政五年（1858年）幕府与英、美诸国签订的通关条约中明确写有：

各国货币与日本货币同量同价，相互通用。这倒没有出现任何问题，而实际上当时日本国内金与银的比值是1：10；而诸外国却是1：15甚至1：16。因此外国商人常常买日本的金，将银卖给日本，一时金大量外流。美国公使哈里斯曾经忠告幕府要改革货币制度，而幕府因为国事多难，一时难以着手解决。安政六年（1859年）起新铸造了货币，这也仅仅是贬低了金、银的质量，不能阻止金货的流出现象，反倒带来了国内物价的变动，招致财界混乱。在这种情况下，外国公使逼迫幕府实行合理货币制度改革，幕府于庆应二年（1866年）在改税契约书上许诺进行货币改革，但还未付诸实现就被推翻了。明治元年（1868年）四月，货币制度议案得到批准，为此专设了造币寮，废除自古以来的两、分、朱、文制度，采取元、钱、厘的十进位制，重新铸造，推行国内统一的新货币。考虑到货币改革是百年大计，与此相关联，还有国家发行的公债及所采取的措施，都关系到国家的生死存亡，必须慎重处理，所以伊藤博文于明治三年（1870年）十月率领芳川显正、福地源一郎亲赴美国，就公债、银行、纸币、金本位、银本位及官厅的官制章程等，从历史到现状，从理论到实际进行周密的考察，随时向国内报告。身为改正挂负责人的荣一将伊藤博文一行的报告不断地向长官报告，并且加以评议。明治四年（1871年）伊达正二位辞去大藏卿职务，由当时最高权力者大久保利通继任大藏卿职务，井上馨升为大藏大辅。

伊藤博文归国后，竭力主张建立新的经济设施和规定新的经济条例是当务之急。在这前后大藏省的势力急速扩张，其事务也愈加繁忙。

这时还有一个早就议而未决，而又亟待解决的事情，这就是废藩置县。在此以前由于西乡隆盛、木户孝允、大久保利通三人之间意见不统一，所以一直拖延至今。由于大势所趋，政府终于在明治四年（1871年）七月十四日颁布号令，完全废除了封建制度，成立新的郡县制度。可是在具体实行的过程中，如何处置过去的藩制度，特别是旧藩在转变为新的郡、县时，经济、财力如何合理地过渡的问题极其烦琐复杂。在过去，各藩有自己的债务，又各自发行着本藩的纸币即藩币，将这些藩债、藩币与中央政府的公债和货币相兑换，折算时如果新旧价值的判断不符合实际的情况，或者不能顺畅地兑换的话，就会给地方各藩及人民带来极大的危险和混乱。荣一奉井上之命进行调查研究，制定了处置的方案。该方案与废藩置县的政治布告一起向世人公布。在这个过程中荣一紧张地工作，连七月十三日公休日也顾不上回家。功夫不负有心人，公告颁布以后，各藩的行政改革和财务过渡都非常顺利。当然这也不能完全归功于荣一一个人，但是他在制定措施时考虑的周密、稳妥，才得以平息、消除种种摩擦、矛盾，这是谁也否定不了的事实。八月十三日，荣一被提升为大藏大丞。

这年五月十日颁布的新货币条例及造币规则，同月二十八日制定的造币寮事务处理规则、事务施行方法概略、成货试验分析定则等全都出自荣一之手。造币头先由井上馨担任，伊藤博文调任东京后，造币权头马渡俊迈升为局长，这是九月底的事。同时荣一奉命赴大阪专督造币，具体要处理购入各种造币机器，雇佣外国技师，建筑溶解所，根据伊藤博文的建议，旧金、银纳入证券，命令三井公司主办新货币兑换工作等。十二月十日公布了旧金、银纳入证券发行的布告，十二月十日以井上大藏大辅、吉田少辅的名义命令三井公司办理新货币兑换的工作。

十一月十五日荣一回到了东京。然而不测的命运在这天晚上降临到了荣一的身上。家乡的老父十三日大病突发，送信人火速赶到了东京荣一处。第二天一清早荣一便将大阪的工作做了汇报，然后向井上大辅请假回家探望。在当时交通极为落后的情况下，荣一日夜兼程，回到了别离九年的家乡，守候在父亲的床边。十一月二十二日，父亲市郎右卫门最后闭上了双眼，死时 63 岁。荣一悲泣不已。

父亲的逝世虽然给了荣一以很大的打击，但是他既没有继承家业，也没有将自己所做的工作半途而废。不久他就脱掉孝服，重新回到了工作岗位。十二月十二日他升为从五位，十八日兼任纸币头。第二年即明治五年（1872 年）一月十四日，公布了开拓使兑换证券的布告。这时因函馆战役被俘获罪的喜作被释放。二月十二日荣一被免去大藏大丞，升为大藏省三等出仕；同时被命令代理大藏少辅的事务，依旧兼任纸币头。这是因为大藏少辅吉田清成赴英国募集公债去了。所谓募集公债是为豪门设立享禄制，将所募集的资金支付给士族，以解除长年来的国库负担过重的状况，同时还可以利用这些外债的金银建立起纸币兑换制度。这个方案是由井上大辅想出的。在这前一年岁末，当时的大藏卿大久保与木户孝允一起率领伊藤博文等数人随同岩仓大使赴欧出差，大藏省的所有事务都交给了井上大辅和荣一。井上使出了浑身解数，荣一当然更加努力。当时的新政府旧弊未除，新制度还不完备，百废待兴，在这种情况下财力薄弱的大藏省勉强应付着各方面的支出。打个不恰当的比方，井上是贫穷的一家之主，荣一则是家庭主妇，夫贫妇苦，聊作无米之炊，而且当时基本上是继承了封建制度的体制，作为新型国家的经济机构尚未建立，连银行这种主要的金融机关都没有成立，所以即使有了工作目标，还必须从开拓实现这个目标所需的道路做起。井上和荣一不仅需要上下左右勉强应酬，支撑门面，还要经常做启蒙工作，所以工作极难开展。在这种困难的情况下，他们共同奋斗，在与其他各省的关系中极力确立大藏省的权力职能；极力鼓励进步的经济机构的成立，还时刻关心新兴工业的振兴事业。

明治五年（1872年）四月二十一日井上大辅将三井八郎右卫门、小野善助及二人的代理人都召到自己家里，建议他们共同创设国立银行。六月，两个财团便联名向大藏省纸币寮提出创设国立银行的申请书。同时井上馨与上野景范联名，一方面向正院推荐，另一方面鼓励有资本的地方豪商建立起日本不曾有的洋纸的制造业。如果没有井上的这些努力，上述两大事业连想都不敢想。三井财团还在这时发起并成立了关西铁道株式会社，预定在京都与大阪之间铺设铁道，向正院申请后得到了批准。正院决定发行70万元的股票，由政府每年支付全部股票10%的利息，并将这件事委托给大藏省处理。就在这时，工部省出面，说工程费用需要131.48万余元，要大藏省支付。这件事在今天看来非常奇怪，可是三井财团预测，加上每年10%的利息，以70万元的资金便能完成此项工程并非无稽之谈，而当时除了工部省谁也不可能担任这项浩大的工程，所以当工部省臂头要求三井财团发行股票的两倍资金时，三井、大藏省及工部省三方面都不可能拿出这笔巨款，结果自然成为泡影。此后三井财团又想发行10元以下的小型股票，以图募集70万元资金。工部省里的山尾少辅上书正院，申请由工部省将铁道会社所需资金以年利息七朱的比率借给会社，使其建筑铁道。到竣工开业后，除掉七朱的利息及运输消耗，修缮费等成本，利润总和的三分之一为该会社所得。十月十四日，正院批准了山尾的方案。这时荣一却认为这种做法是工部省包揽了铁道修建的全部经费收支大权，侵犯了人民合资企业权利及其监督机关大藏省的权限，会导致经济的紊乱。荣一以此理由向正院抗议，局面一度极其困难。荣一坚持不懈，据理力争，直到明治六年（1873年）五月，他与井上一起辞职为止。同年十二月，在大隈重信担任大藏省事务总裁时，由于缺少支持者这个方案终于不了了之。

铁道事业虽然遭受了挫折，但造纸业却顺利地进行。当初明治政府发行的纸币、太政官札、民部省札、大藏省兑换券等都是国内制造的，可是国内的日本纸不堪摩擦，加上容易仿造，造纸材料容易弄到手，所以伪造钞票的层出不穷。以前总是将新纸币委托给德国印刷，金札兑换公债证书委托美国印刷，其他诸如邮票、各类印纸的需求量也相当大。样样委托外国制造，首先说明国家的文明程度低，有失国家体面，其次在经济上也不合算。于是井上、荣一、上野三人联名上书正院，建议创办造纸印刷事业，由政府或民间办均可，同时还附上了美国技师昂奇塞开出的购入机器估价单。由于这个事业耗资不大，收回投资和获得利润所花时间也较短，所以民间豪商受到鼓励后，竟想独资经营这一事业。荣一为了让利益均沾，并且使造纸事业发展，采取了一向持有的合资共同经营的方针，选定三井财团、小野财团、岛田八郎左卫门、三野村里左卫门、古河市兵卫等人为出资者，于明治五年（1872年）十一月向大藏省呈上设立会社申请书。明治六年（1873年）二月得到批准，这就是后来的巨大造纸会社的前身。

米、油之类的重要商品的合同限期买卖是何时开始的，在今天已经无法可查。一般说来商业发达到一定程度后便会出现不同于一般意义的买卖，即合同限期买卖。通过这种方式的买卖，商品的流通可以更加流畅，但这种合同限期买卖，即今天称为定期买卖的方式既然有利也必然会有弊。夸张地说，将现在尚未具有的商品约定在将来某一时候进行买卖受授，同时将现在尚未具有的钱款约定在将来某一时间交付，是极不确定的事，特别对那些不理解商业规律的人来说，只会给社会带来危险和混乱，所以明治二年（1869 年）六月虽然一度允许贸易商社进行米油的合同限期买卖，但不久又被禁止。大阪堂岛的米市场在德川时代初期就允许合同限期买卖，也于明治二年（1869 年）被禁止。当时的新型政治家们一切尚新，力除旧弊，加上不懂经济规律，所以才做出上述的决定。到了明治四年（1871 年）四月，上述几个市场又重新得到允许进行合同限期买卖。大阪的油行情商所、京都的米油商所、兵库的米行情商所等也于明治四年（1871 年）、明治五年（1872 年）相继得到许多合同。井上和荣一始终主张合同期限买卖，但当时政府里却有不少人认为这种买卖可以利用行情变化来牟取暴利，属于赌博投机行为，所以主张坚决禁止。这种理论的代表人物之一竟然是司法界颇孚众望的司法权大判司，即后来的大审院长玉乃世履，他可是制定了明治法律的赫赫有名的人物。时代进步之迅猛令人瞠目结舌。在那个草创时期，坚持大藏省的独立立场、与玉乃等人进行激烈论战的正是荣一。他甚至主张市场交易不只限于米、油之类，而且他认为建立公债证券交易所也是当务之急。只有这样才能搞活经济流通，促进公司生产的发展。在当时，对那些清高的守旧派来说这种想法当然只是异端邪说。后来玉乃从法国律师波阿苏拉德那里也听说到这种交易所，认识到其在社会经济中不可缺少的作用，在荣一辞官一年后，即明治七年（1874年）制定了株式交易所条例。胸襟坦荡的玉乃还专门拜访了荣一，向他承认了往日认识中的错误。这一轶事后来成为明治人物中的一段佳话流传。此后不久，即明治四年（1871年）至明治六年（1873年）初期间，还发生了一件相似的事件。东京有个叫作长清五郎的人申请成立交易所，东京府根据大藏省的条令没有批准。当时政府的方针是承认东京商社交易所，此外的类似的公司一概不准成立。长清五郎明治三年（1870年）十月提出申请没有批准，而在这以后申请的东京商社却得到了批准。长清五郎以此为理由向裁判所提出了诉讼。裁判所认为诉讼人有理，于是以法律理论为依据向大藏省提出质问。当时支持大藏省条令的是荣一。他回答道："经济界的政策都是根据实际情况的轻重缓急，经过充分的考虑后决定的。这次有关交易所的增设措施是事前已经得到正院的许可然后实行的。仅凭法律理论不可能改变现有的条令。"事后荣一又向正院声明：合同限期交易中如果产生投机倒把现象，则与追求信誉的商业方针相违背，所以只宜在大城市的繁华闹市中各设一处。这个规定在目前是不得已的。如果以人民权利为由，允许合同限期交易泛滥，必然会破坏行政措施。司法省与大藏省之间的争吵交涉是无济于事的。正院经过审议，同意了大藏省的意见，此事才算告一段落。

明治初年流传着"江户火灾如散花"的谚语。明治五年（1872年）二月二十六日，和田仓门内兵部省的附属宿舍旧会津藩邸失火，火势立即蔓延到丸内的官衙邸宅区，又越过护城河，烧毁了东京桥以南民宅。火势到了筑地才好不容易被控制。这次火灾后，正院痛感使用不燃性材料建造具有防火性能房屋的必要性，因此命令东京府负责建筑，命令大藏省支出其所需资金。荣一找到井上商量，以救助灾民兼新建砖瓦民家的名义，在大藏省官吏中，募集了捐款6000余两，然后想征得正院的同意将捐款交给东京府。这封建议书由荣一执笔写成。政府从这件事受到启发，命令太政大臣三条实美以下各省各官厅全部进行义务捐款，进而要求与政府官厅有关的公司也捐款。加上天皇和皇后的捐款，总额达到数万元。这些捐款全用于抚恤灾民。砖瓦房屋建造的事开始由东京府经营，这一年七月又归大藏省管理，专门成立了建筑局，九月又移交给了土木寮。明治六年（1873年）五月，即井上、荣一辞官前几天，一部分的房屋建好，灾民开始搬家。东京桥到新桥之间全部工程的完成是明治十年（1877年）五月。旧江户城面貌改观，呈现出东京新貌和现代气息是在银座大道建成以后的事。此后明治时代的生气勃勃的文化代替了德川时代的绚烂的文化，其最初的建设就是以明治五年（1872年）特大火灾为契机。荣一在法国逗留期间，为了租借德川昭武的公馆，曾经加入过火灾保险，这时他与井上商量起此事，为后来在日本普及保险制度做了不少的准备工作。不论是捐款、建造砖瓦民房，还是普及保险制度，与其说是荣一想建功立业，还不如说是他渡民济世的仁义之心的表现。

荣一任职期间的政绩是在百废待兴、承先启后的历史背景下取得的。这些国家大事多半涉及面极广，难以归功于某一个人，一般来说，是经过上司的同意，得到同事的帮助及下属的支持才可能实现的，而且当时满朝英杰俊才，萨州长州二藩的势力又明争暗斗，所以不少的人不知其复杂的内情。荣一后来谈到过去的经历时，对在职期间的详情不无忌讳，如《雨夜谭》就是这样。这样做也许有道理。在今天勉强地将复杂难辨的事情写出来，不免会失真，所以以上只是大致地记述了荣一是在什么样的环境中，处于什么样的地位，如何实现了自己的理想的。

荣一最初任官是从明治二年（1869年）十一月四日被委任为租税正时起。民部省和大藏省在这一年八月合二为一，民部卿兼大藏卿是伊达宗城，民部大辅兼大藏大辅是大隈重信，民部少辅兼大藏少辅是伊藤博文，民部大丞兼大藏大丞是井上馨；造币头是井上胜，出纳正是林信立，监督正是田中光显，其中掌握实权的是大隈重信与伊藤博文二人，所以荣一向大隈建议设置改正挂，推荐了前岛密、赤松则良、杉浦让、盐田三郎等良才。这些人大都在各自的岗位上建立功勋，先后被提拔重用。荣一也在极短的时期里被破格提拔，最后官至大藏省三等出仕少辅代理。伊藤少辅于明治三年（1870年）十月赴美调查公债货币、经济法规等事务，芳川显正、福地源一郎跟随他一同赴美。调查报告即在改正挂处理，同时还要进行调查研究。明治四年（1871年）伊达宗城离开大藏省，大隈也转向于参议方面，大久保利通成为大藏卿。大久保因是当时的权臣，所以来鞅掌大藏省。井上馨成为大藏大辅，即实际事务的处理者。五月，伊藤博文从美国带回有关经济法规的新知识。这年七月政府进行废藩置县。吉田清成成为大藏少辅，马渡俊迈接替伊藤博文，井上馨担任大阪造币局长。大久保大藏卿跟随岩仓大使出访欧美，伊藤博文也随之出访。明治五年（1872年）二月，根据井上的提议，荣一被派往欧洲募集公债，也因此被提拔为小辅代理兼造币头。他和井上大辅、上野三等出仕一起成为大藏省的骨干。过去曾担任过租税头的神奈川县令陆奥宗光重新成为租税头，权头是松方正义。陆奥宗光由于在这一年四月任神奈川县令时提出过田租改革的建议，所以再次被大藏省任用。就在这一年的五月，大隈重信任大藏事务总裁，井上、荣一联袂辞职。

综览荣一在职期间的经历及大藏省前后的财务状况，可以发现当时的情况极其复杂、盘根错节。由此也可以知道荣一及伊达、大隈、伊藤、井上等人是如何承袭旧制，建立新制度的。尽管皇政复辟，武家政治被取而代之，但这只是政权相互交替，日本重新恢复了应有的面目而已，根本谈不上立即给民众带来幸福。虽然不能说同元弘、建武时期完全一样，至少也带有相近的性质。可是建武末年如果说是逆贼得势、万马齐喑的时代的话，明治的革新却是推翻几百年的黑暗势力，而且又是在极短的时间内完成的。这些成就一方面当然要依靠明君的圣治，另一方面又必须依靠辅臣的赤胆忠心。建武的新政不仅没有给大多数的人民带来福利和和平，反而使人民的生活变得困苦、不安和恐怖。与此相反，明治新政权将人民视为国之根本，根据这一传统精神，政府给人民带来了巨大的幸福。两者完全不同，不可同日而语。建武时期人民生活困苦到几乎不能生存下去的地步。藤房卿悲叹的，并非是千里之马未遇伯乐，而是在青公卿的恶政下，人民的血汗被轻易地挥霍掉的事实。尊氏虽不善于打仗，却兵强马壮，不因为别的，就是因为他以安定百姓生活，为民谋利为宗旨。从这个意义上说，明治初年的皇政复辟也包含了极大的危险，在这关键时期上述诸人采取了正确的、利民的措施，才不至于重蹈建武之覆辙。

幕府崩溃，明治政府取而代之。在这历史过渡时期最需要的是钱，但新政府并不是因手里捏有大量存款、背后有储蓄撑腰才得以成立的。成立后的政府也并未从幕府那里接收过巨额资金。幕府本身也是因为财政窘迫才不得已将大政奉还。
在这种经济状况下，明治元年（1868 年）新政府颁布公告，
命令五月十五日起由太政官发行太政官札。布告上写道："皇
政更新之际，为建立起富国基础，经过众议审定，决定印制
新币，以救助全社会之一时的困难。从此辰至下次辰年之间
的 13 年内，皇国一元可以通用。"并且规定这种新币 13 年
内全部上缴返还，各藩每 10000 石禄须借 10000 两新币。这
不过是个借口，其实是按每 10000 石禄 10000 两钱币的比例
向各藩摊派一堆废纸。各藩也就是旧时的大名等地方实权人
物。换句话说就是发行一些纸币以解救政府自身的燃眉之急。
荣一还在静冈藩时正逢上这太政官币 53 万两借给藩里。聪明
的荣一不可能不懂得这笔借款的真实含义，同时也不可能对
这笔借款束手无策。他向藩里的勘定头平冈準藏建议将贷款
用于殖产兴业，发展经济，并且设立了商法会所。后来涩泽
荣一子爵在回忆中对自己的功绩避而不谈，其实当时正是他
将此项贷款有意与藩政府的财政预算分割开来，独立地使用。
在新政府基础尚未稳固，发行的新币与现行的货币之间的兑
换还不可能等值的情况下，荣一预测到新币将会贬值，物价
也会飞腾，所以派遣商法会所的所员及勤杂人员赴大阪购进
大量米粮，又亲自赴东京购进油粕、干鱼等，获得很大的利润。
新币本来就难于流通，在东京、大阪和京都尚且只能以 6：10
的比值兑换一般货币，其他地方更是一概不收。在发行新币

的当年，政府为了维持其价值的稳定，命令所有租税上缴都必须使用新币，同时还禁止建立新币交易所，将一些交换新币和黄金的人处以严刑。即使这样，也维持不住新币的暴跌。政府无可奈何，一度允许设立新币交易所，释放了买卖新币的罪犯，还允许将新币偿还政府以 120 两比 100 两的比例进行。可是政府里有些人认为采取这种软的手段不合适，到明治二年（1869 年）四月二十九日，强硬派的命令被公布开来，重新禁止承认黄金与新币之间的值差。若有人违抗，则不仅本人，连所属的府藩县长官，领主也都同罪。这种高压政策如果持续下去的话，明治政府不知哪天便会引起民众的愤怒而被推翻。于是明治二年（1869 年）五月二十八日，政府又以布告形式向全国公布新币的使用状况，以消除地方政府及民众的不信任心理；在已经印行、使用的新币中，有 1300 万两是根据各府、藩、县的享禄多少而借给地方的，另有 1400 万两用于去年夏季以来的政府开支，剩下的 500 万两是今年收税期前的政府开支费用，此外没有印制新币。同时还附上一道命令：今年冬季起将另行铸造新货币，各地可在下个申年之前将新币兑换成新货币。如逾期尚未兑换者，则以每月五朱的利息分别于七月、十二月两次兑换。这个布告的目的是为了努力保持新币的价值，求得一般民众的理解。在这以前政府还将原定 13 年的使用期限缩短为 5 年。另一方面，又严格规定：将新币换成一般货币，获取暴利的人，第一次须罚相当于所获利数额的款，而出卖新币的人则罚其一半的款，重犯的则须加倍处罚。此项规定公布之日起，各地警察务要小心检查，平民若知有违反者，一律匿名报告，所罚款额的八成作为奖赏给报案人。当时的政府就这样以法律、警察及赏金三大法宝强行推行新币的流通。然而经济规律就像水往低处流一样，总是向着一定的方向流动的。政府的三大法宝犹如小孩的玩具一样毫无作用。在政府统治力强的东京、大阪及京都三大都会里，新币大量集中；相反，金货却流向小城市及农村。政府见此，又想出新办法：各府、藩、县凡享禄 100 万石的可以领受 2500 两的货币，然后再以同等数目的黄金上缴给中央政府。可是上述的几个命令并没有彻底执行。这时，作为市郎右卫门的儿子、平冈圆四郎的心腹随从，又曾经在一桥藩掌握财政大权、熟知欧洲诸国的经济状况的荣一当然清楚政府的用意。

前面曾经提及荣一拿着大把的商法会所的新币到东京购买肥料等，可到了明治二年（1869 年）八月末，静冈藩却改变态度，认为以藩的资本行商有违朝廷圣旨，必须立即停止。由于这个决定，商法会所改名为常平仓。静冈藩在过去十分高兴地建起商法会所，现在又以有违圣旨取消了商法会所，无疑是由于中央政府传下了内部命令。荣一将新币拿到东京换商品，显然不利于新币的正常利用，政府的地方职员是不会放过这一明目张胆的行为的。虽然没有直接批评，也会向藩里盘问这个商法会所是什么样的机构。而不得不注意处理好与中央政府关系，常常受到中央政府注意的静冈藩，至少在表面上也被迫要取消商法会所，同时，创建了商法会所的涩泽荣一的名字也必然地会引起民部、大藏省的注意。荣一于这一年的六月六日被叫到东京，就法国逗留期间财会情况向外国事务官员说明时，由于有根有据，所以他的人品、经历、才能之优秀早已受到政府的青睐。回到静冈藩时是八月十五日，商法会所的废止是同月二十七日，将商法会所改名换姓，成立常平仓是九月一日，搬迁常平仓地址是十月三日，而被太政官召到东京，从静冈藩提拔到民部、大藏省是十月二十六日。

这段时间正值政府经济、财政困难重重，而荣一的经济才华在一桥家做用人时即已显露，后来在法国逗留期间，在静冈藩当藩士期间，都曾经令人刮目相看。这种人才弃之不用，的确是一件愚蠢的事。也许是善于网罗人才的大隈大辅看中了荣一的。荣一自己曾说：当时不太清楚是谁举荐，似乎是叫作乡纯造的某人。而乡纯造这时还不是一个高官。此人后来曾任大藏省国债局长，素以治理有方闻名。年老后辞掉官职，专心赏玩于儒雅之间，曾在所写的《听雨庄》中自比范蠡，号为五三居士。虽然称不上大家，也颇有素养。可是在井上、荣一辞职的明治六年（1873 年），连松方正义都官微位卑，乡纯造当时的地位更是可想而知。与其说是他的举荐，倒不如说很可能是他奉人之命，调查了荣一的人品、经历、才华，然后向上级做了报告。然后上级根据这个报告，认为像这样的人才放在静冈县搁置不用太可惜，不如让他在中央政府里工作，发挥其能力。大久保、大隈、伊藤、井上等人都是一代俊杰，但经济财会事务，不是专业对口的人是办理不好的。从明治元年（1868年）发行新币以来，政府屡次更改布告一事可以看出政府是如何的窘迫难堪。虽然曾经一度敌视德川家的佣人，可是自己手下确实没有合适的人才，所以只好任人唯贤。由于这个原因，荣一最初认为自己在中央政府里孤立无援，想辞掉官职时，大隈竭力劝阻说："与其为静冈藩效劳，还不如为全日本尽力更有意义。"可以说，荣一能够进入新政府是因为他具有财务工作经历与才能，恰逢明治新政府财务困难，急需人才。

上述的太政官札，即新币，从明治元年（1868年）五月至同年十二月，发行了2400万两，明治二年（1869年）一月至同年十二月发行了2390万两，总计4800万两。其中，所有10两纸币和5两纸币合计2600万两于明治八年（1875年）五月三十一日停止使用；一两以下的纸币共有2100万两到明治十一年（1878年）六月三十日才停止使用。绝大部分的新币是明治五年（1872年）三月，井上和荣一二人尚未辞职时开始与新纸币兑换的。

除了太政官札之外，政府还在明治二年（1869年）九月十七日发行了民部省札。布告上说为了解决商品零售不便的问题，特发行 2 分、1 分、2 朱、1 朱的小型纸币，共 705 万两，同时从 1 两以上的纸币中销毁相应数额的货币。其实这也是句空话。后来这批纸币同太政官札一起被换成普通货币。

发行太政官札和民部省札是为了缓解政府暂时的财政困难而不得已采取的措施，这样做有损国家信誉。明治四年（1871年）十月十二日的布告中所说，当年及第二年发行的大藏省兑换券 680 万元虽然是在大藏省监督下，由三井财团具体负责兑换，但毕竟是以兑换的形式出现在世人的眼前的。这种兑换券分为 10 元、5 元、1 元三种，其制造工艺粗劣，难以防止伪造。明治八年（1875年）一月十五日，政府宣布从五月末起停止流通，全部换成新纸币。

开拓使兑换券 250 万元是明治五年（1872年）由北海道开拓使与大藏省之间签订条约发行的。同大藏省兑换券一样，以同样形式通过三井财团发行。1 元以下的券以明治六年（1873年）十二月末为限，1 元以上的券以明治八年（1875年）五月末为限与新纸币相互兑换，到明治十二年（1879年）三月全部兑换结束。大藏省及开拓使兑换券名为兑换，其实还是与新纸币相互交换，实质还是一种普通的货币。

新货币的发行是为了统一各藩藩币、太政官札及几种名目的纸币，防止伪造，便于管理。明治三年（1870年）十月，政府委托德国佛兰库霍尔德府顿德及诺曼商社，制造 10353 万余元。政府于明治四年（1871年）十二月二十七日发出布告，命令各地从明治五年（1872 年）四月起使用新货币。这种货币虽然具有容易被撕破，所有币值的票面大小、花纹都相同等缺点，但它的出现实现了货币的统一。后来日本的印刷局也能够印制质量完好的纸币。社会上的信用也愈加坚挺。

政府发行的五种货币就这样以四种统一为新的一种而结束。可是还有一件历史留下的令人头疼的事，这就是明治以前各地发行的藩币。传说越前福井藩在宽文年间苦于财政赤字，以幕府没有履行对越前藩主承诺的补贴为借口，得到幕府的许可在藩内发行藩币。这就是藩币发行的开端。这个传说是否可靠，已经无据可查。是不是仿照中国的交钞、宝钞等制度也说不定，总之各藩在财政困难的时候征得幕府的许可，发行藩币，在藩内通用。由于这种藩币有可能给经济带来混乱，所以幕府当然不情愿。有时限定藩币回收年限，有时发布禁止令，可是没有一次付诸实行。到了幕府末期，各藩疲于应付社会弊病，大肆发行藩币，最终导致了明治维新。明治新政府对此种状态束手无策。明治四年（1871 年）七月十四日实行废藩置县，同年十二月十八日政府终于不得不命令各藩制定销毁藩币的方法。各藩向政府报告的藩币流通量有 4036 万两，种类有金币、米札、钱札、永札、总丝札、辘轳札等，五花八门，合计竟有 1694 种。发行者有 244 个藩、14 个县、9 个旗本，所以处理过程十分繁杂，而且不满 5 钱的小额票面竟多达 321 万两。从明治四年（1871 年）起开始兑换、销毁藩币，一直到明治十一年（1878 年）局面才逐渐得到改善。

　　货币的流通也出现了麻烦。所谓货币，就是指金银，它们本身具有一定的价值。无论是政权的改革，还是制度的改变，都不会给其价值带来影响。明治初年的货币虽然表面是如此，实际上质量很差，多有伪造、劣质的金银。这当然给政府出了难题。幕府末期在改铸货币时，制造了很多质量低劣的金银，以救燃眉之急；诸藩也仿效幕府，竞相私自铸造货币。明治初年也曾在江户、大阪两处铸造了劣质的 2 分金、1 分金，1 朱金的货币。至于私人铸造的货币，则更是低劣。表面上是 2 分的金货，实际上是银质镀金，甚至有时是铜质镀金。这种极度低劣的货币随着诸藩士兵在平定东北而行军转战的过程中流传到各地。优质金货被排斥，低劣的货币却在市面大行其道，所以太政官札开始流通不畅，2 分金换官札 100 元时必须以 105 元的比例相交换，否则人民不愿兑换。此外，外国人还与政府谈判，要求政府严厉废止劣质金货，所以改铸货币成为当务之急。

　　纸币同样存在这样的问题。假币的制造、发行不用说是违法活动。但当时假币的出现却有特殊原因。维新前后，各藩大抵都陷入财政困难，于是纷纷发行假钞票，后来干脆不经政府许可便随意新造藩币。维新以后仍沿用旧习，发行假的政府钞票。有些藩本来就对新政府抱有不满情绪，所以更加不在乎。明治三年（1870 年）六月，政府向各藩发出秘密通知，要求销毁所有假钞，还在三府诸藩里设立了假钞处理所，视其情节轻重，惩罚违反者及有关管理人员。在当时的混乱局势下，不仅国内有造假币者，一些狡猾的中国人也在上海伪造了大量的假币，给日本的经济界增加了混乱。于是我国政府派遣官吏赴上海，查出犯人吴吉甫、曹松甫、李子根、张荣昶等人，照会中国负责人陈福勋，使其惩罚上述几名犯人，没收了十台伪造模版。

仅仅在通货方面就出现上述的各种问题，当时的经济界之纷乱错杂局面可想而知。大藏省肩负推动经济车轮前行的重任，苦心经营、去弊救危、治理国家财政，巩固经济基础，所以大藏省的工作人员十分辛苦。最为困难的是没有建立起像样的、必需的经济、财政机关。印制纸币必须先要建立造纸工业。在当时不用说现在规模的日本银行、正金银行，就连普通银行都找不到一家，想通过金融机关流通货币是不可能的。由于这个原因，也谈不上货币的准备。新政府犹如竖立在烧着大火的荒原中的空楼一样，危机四伏，而这栋空楼的基石就是曾经出入沙场，现在执掌国家权力的英雄豪杰。他们对会计出纳的事情疏于了解，对经济这把真正关系到国家和人民的生命的钥匙没有熟练掌握。这是一件危险的、可怕的事。在这个时刻，伊藤、井上、荣一及其他人为国效忠，费尽了心血。明治二年（1869年）建立预备金储蓄制度，到明治五年（1872年）已有储蓄1470万元，到明治八年（1875年）

共储存了 2000 万元左右。今天看来，这个数字是微不足道的，可在当时起码使得弱不禁风的明治政府和新国家具有了较厚实的基础。从此以后纸币逐渐与金货保持同值，政府的信用完全建立，在明治十年（1877 年）西南之乱发生的几年前，明治政府已由弱不禁风的空楼成为坚实的青石大厦。

告别官场

明治六年（1873 年）五月三日（一说是四日上午十一时左右），大藏大辅井上馨带着满脸阴云从政府大厅返回大藏省，立即召集了以少辅代理荣一为首的省内高官训话。井上平日脾气暴躁，后来被人称为雷公爷。这时他更是年壮气盛，怒发冲冠地宣布道："我从现在起辞职！"说完后扭头向荣一说道："我辞职的决心已定，即刻退出这里，剩下的工作就交给你及在场的诸位。"话音未落就要退出办公室。荣一素日无论什么事都和井上是同一个意见，同一个观点，所以这时赶忙拦住井上，说道："若首长辞官那我也辞官。您也知道，我辞官的念头并非是今天萌生的，过去我曾经再三地要求过。承蒙您的热情的挽留，平时又是志同道合，我才安心尽力效忠到今天。现在首长既然不被人容纳而辞官，我怎能在您走后留在职位上呢？我也下了决心辞职。"说完后与井上一起退出大藏省。这时正好是 12 点刚过。不久二人提出了辞呈。

原来，井上历来主张稳定国家财政、巩固经济基础是现阶段的最主要的任务，对其他各省要求支出繁多的行政费用难以一一应付，所以常常削减其费用，或拒绝支出，而各省又都认为大藏省不肯拿出钱来办合理的事业。真是岂有此理！大藏省的职能不就是根据其他各省的要求，满足各行各业建设的需要吗？双方对立越来越尖锐，已经发展到难以妥协的程度。在这天的前一天，井上、荣一已经商量了很久，决定始终坚持大藏省的立场，如果政府仍不同意，则坚决辞职。到了三日这天的会上，井上果然寸步不让、据理力争，无奈势单力薄、寡不敌众，结果以失败而结束。既然如此，井上说话算话，以辞职来捍卫自己的主张。大藏省与各省的较量，首要的是应对司法省和文部省的增额要求。早在上一年的十一月，井上就决意辞职，拒绝上班。三条实美见此，十分忧虑，只好数次拜访荣一的私邸，托他说服井上早日上班，并劝说荣一也不要辞职。这一年就好歹过去了。可是道高一尺，魔高一丈。井上的主要对手是在次年（明治七年 [1874 年]）挑起内乱，性格暴躁的江藤新平，不知是藩镇派阀的原因还是其他什么原因，江藤和井上历来就水火不容。江藤视井上为混账东西，占据着大藏省要职，专横跋扈；井上则是位卑心高，不服江藤的压制。二人的矛盾自然日益加深。一个叛乱者，一个雷公爷，都恨不能一口吞了对方。荣一比井上官低一层，不至于引起江藤的忌妒而不相容。明治四年（1871 年）七月他被任命为枢密权大史，据说其推荐者就是江藤新平。至于江藤新平为什么要推荐荣一仍是个谜，但荣一很快又被提升为大藏大丞，回到了大藏省。猜测起来，似乎其中有什么隐情。井上与荣一二人性格不同，却配合默契，相互支持。荣一全力佐辅井上的工作，井上则积极采用荣一的意见，二人从来都是亲密无间。即使荣一过去没有过辞意，也不会仅让井上一人辞职而自己留任。

大藏卿大久保利通出国在外，大藏省的工作自然落在井上和荣一的身上。可是这一年参议大隈重信挂名为大藏事务总裁，压在二人的头上。不知是大隈自己想占据这个要职，或是某些人策划出这样一个压抑大藏省二大支柱的人物，还是众议院不肯将大藏省这个金库轻易放松，以大隈曾经在大藏省工作过为由，将这个气度非凡、倾向开放的人物安置在大藏省，实在令人不可思议。总之对身份为大藏省最高负责人，勤勤恳恳地为国效劳的井上和荣一二人来说，出现这样一个扮着监督官面孔的人物是不愉快的事情。本来，明治政府为了国家最高利益而领导全国人民建设，这是无可辩驳的。事实上，虽说政府要员们都是一代英杰，但他们也是缺少治理国家经验的公卿、浪人的集合体。由于历史的原因，政府内部大致上分为主张安内治国一派和攘外扬国一派。这两派当然初衷都是为国尽忠，在这一点上是一致的。可是安内治国派大体上都属于公卿及贤明的人士，而攘外扬国派则大体上是武士军人出身，或者信奉国家精神的人士。三条实美属于不偏不倚的中间派，为人忠诚笃厚。右大臣岩仓具视、参议木户孝允、大隈重信、大藏卿大久保利通、工部大辅伊藤博文、大藏大辅井上馨等人属于前者，参议西乡隆盛、板垣退助、司法卿江藤新平、外务卿副岛种臣等属于后者。安内治国派以实现君主立宪为目标，继承了幕府末期勤王派系统；而攘外扬国派则以振奋国威为目标，继承了幕府末期攘外的口号。当初面对共同的敌人即幕府将军统治，两派的态度是一致的。现在将军统治已经崩溃，自然地两派的目标、方法、路线都出现了矛盾，以至于相互对立，相互争斗。虽然双方都不是出于有意，但一遇上实际事务，常常背道而驰，互不让步。萨州和长州在幕府时代就已有争斗，木户和西乡都有伟人气概，不屑于暗地里的权力斗争，可在心里想必相互厌恶。这从后来西乡举兵时，重病在身的木户愤然而起，要讨伐西乡时所说的一番话里可以推想出来。藩阀派别必然会给感情上带来不和，这是人之常情。何况江藤、板垣、副岛这些狷介小人及具有远见卓识、手腕过人而又居心叵测的大久保，木户手下的崭露头角的伊博、井上，还有大腹便便而又不知肚里装着何物的大隈等，这些萨、长、土、肥各藩的不同类型的人物集中到一把硕大的太阳伞下面，当时又是封建残余大量存在的时期，更是容易出现政治舞台上司空见惯的权力斗争和思想观点上的矛盾冲突。这时正值岩仓、木户、大久保等人远赴海外，西乡、板垣等人的势力笼罩着朝廷上下。在这个背景下，一向竭力排挤长州和萨州势力的江藤新平，以自己所掌管的司法部的预算问题，向大藏省发难，加上文部卿大木民平也一同进攻，井上无论如何抗争也无济于事。不仅如此，大隈还作为大藏省总裁，受三条太政大臣之命调查财政情况，结论是当时的财政情况并不是像井上、荣一等向上汇报的那样紧张，有余地支出司法、文部两省所要求的金额。这样一来井上和荣一二人的意见就完全站不住脚了。西乡、板垣本来就不欣赏井上，对经济又是外行；而大隈曾经担任过财政方面的工作，对经济业务颇为熟悉，本来应该支持井上和荣一，可是司法省和大藏之间的倾轧在这一年的一月里引起了江藤新平及司法大辅福冈孝悌提出辞呈的事件，三条为此甚为忧虑。大隈见此，深知朝廷上下已经不会站在井上一边，所以才拿出上述一个对井上、荣一极为不利的调查结论的。井上既然被动，也就光明磊落地辞职，以捍卫自己的信念，而在同一战壕里的荣一，退官也是理所当然的事。至于那些藩阀派系的纠葛，个人的性格等详细的观察，不提也罢。

井上、荣一的辞职并非是偶然发生的。荣一在此以前已经感觉到时事危急、复杂，将自己的想法口授给那珂梧楼，命其起草成文作为呈给政府的谏书。提出辞呈的第二天，荣一便与井上相会，将这封谏书给井上看了，在场的还有芳川显正。井上读过谏书的文稿，完全同意其内容，决定作为二人的奏文，经过三条上奏。五月七日二人联合署名，上呈了这篇奏文。荣一和井上二人既然不是因病辞职，所以这篇奏文也可算是申明辞职的理由，同时又能说明自己的主张是正确的，胸襟是坦荡的。这篇奏文写得雄辩滔滔，切中时弊。当时有个英国人布拉克在日本办了日文报纸《日新真事》，荣一的奏文被登载到这个报上，随即被转载到《曙报》上。这似乎是首次公开出现的反政府的舆论，一时朝野骇然，士民沸腾，有支持也有反对，掀起了一阵不小的骚动。政府指出了该奏文与事实不符之处后，批示：鉴于上述报告之不合时宜，可将原文返交给本人。就这样驳回了荣一的奏文。同时为了安抚人心，六月九日由大藏省公布了年度预算、决算表。从此，这种做法成为后来每年的惯例。其实，最初是由于荣一、井上二人的奏文，不得已而为之，结果促进了财政法的发展。当时荣一写道："官途几岁误居诸，解印今朝意转舒；笑我疏狂尚未已，献芹留奏万言书。"

忠言不见纳，身虽下野，却精诚不已，出于献芹之意留下万言奏书。其奏言妥否，姑且不论，赤胆忠心却凛凛可见，巍巍然有大臣风度。至于"意转舒"之句也绝不是伪饰之言。井上是出于什么心理无从得知，荣一的确是心情舒畅了。因为雄鹰本来就不是关在樊笼里生长的。

另一方面，江藤新平却恼火了，大隈想必也不快。五月十四日（又一说五月二十三日）批准辞呈的令状下达，可是荣一仍被命令免职留用。这是为了公务的交接，荣一不能远离官厅所在地而远走他乡。十二月十三日，荣一被正式免去一切职务。井上以泄露政府机密为由被罚以减俸。司法权大判事玉乃世履、松本畅等人专门拜访了位于小川町的荣一私邸，寻问退官的真实意图，据说这时荣一吐露了自己一直抱有的观点，批判了日本自古以来的尚官贱民的陋习，他说道："古人以《论语》为政，我要以《论语》从商。"还大谈了自己将来的设想。这个说法还算真实可信。

井上、荣一联名的奏文是名副其实的万言书，全文以"臣馨臣荣一不堪忧惧之至，诚恐诚惶，冒死进谏"结束。文章将各省厅强烈要求增加预算一事搁置一边不提，从财政的重要性讲起，认为不控制支出对国家是极其危险的行为。这里若不举出其概要，二人辞职的经过和原委就不明，所以简单地记述一下这篇文章的内容。

文章首先说明了一国的进步与形势发展的趋势，指出现在正是破旧立新，承先启后的关键时刻。然后论证了要实现开明之治走富国道路的话，虽然政治口号有时陷于空洞，过于追求形式之风是难免的，但最重要的还是增强人民的经济实力，丰富人民的精神生活，这是亘古不变的道理。文章接着论述：今天我们推翻了数百年的封建政权，打下了君主立宪制的基础。如果说这是给病人使用了剧烈的补药的话，接下去则适宜给病人以温补，使其逐渐恢复健康，增加元气，这样才能使人民成为有为、奋发向上的人民。可现在这些人企图在一夜之间就实现政治上的完备，追求种类繁多的设施，这样就需要巨额的资金，而当资金不够时必然会依赖课税，这样不仅无法给疲惫的人民以温补之药，相反给人民强加以苛重的劳作。这能称得上是善政吗？现在日本全国每年收入总额不过4000万元，而按今年的支出预算推算，即使没有任何天灾人祸，也需要5000万元。仅一年的收支就产生1000万元的缺口，加上维新以来国家的费用浩大，每年赤字也将近1000万元，再加上其他省厅、旧藩的货币及中外负债的数字，超支几乎有1.2亿元，所以政府现在赤字总共有1.4亿元。对这个巨额赤字，目前尚没有偿还、减少的具体措施。必须采取切实措施，逐步消灭赤字，否则难以维持人民的信赖，万一遇上紧急事件，就会束手无策，招致覆灭。政府的事务种类繁多，又必须照顾周全，可是为政者最根本的一条是保护人民利益。要让人民休养生息，恢复活力，使其朝气蓬勃，然后在此基础上推进文明建设、实现国家富强的大业。现在日本国民尚未达到欧美诸国国民的文明程度。古人说：视民如伤。现在的政府不仅不视民如伤，相反将人民束之以法律，旧习加新规，使人民不知所措，不少的人家道衰落了。自古以来都是量入支出，保持年开支不超过年收入，循序渐进地增强国力，安定民心，以成圣治。臣等虽不肖，长期以来尽微力于理财，小心谨慎，积累了一些经验。依二人之所见，现在如果勉强扩大政府的费用，以求各项事业的快速发展，很快就会招致危机。因此二人尽力削减各省厅的预算支出费用，强调财政平衡为主，等等。

这篇奏文的论述合情合理，还结合实际列举出了具体的数字。这样一来，大藏省也无法袖手旁观了，对此写了一篇批语，首先承认了井上和荣一的奏文内容的正确性，然后写道："奏文列举了年度收支、财政预决算之后，认为将会有1000万元的赤字出现。其实这是以米价每石2.75元来推算的，并且其中还有逐年积累的成分，有废藩置县这样的特殊费用在内，此外还将一些临时性的支出当成每年的惯例性费用计算。论者以此为基础论述了政府的负债、赤字情况，认为其不下1.4亿元，这又是一个大的计算错误。如果按照实际情况计算的话，每年不一定会产生1000万元的赤字，也没有负债1.4亿元巨额的事实。井上、荣一的上述文章由于错误颇多，故退给本人。"这个批语明显是大隈指使某些大藏省官吏写的反驳性文章。尽管如此，井上和荣一的功劳还是不能抹杀的。明治十二年（1879年），当时的参议兼大藏卿大隈重信在向太政官提交的明治元年（1868年）至明治八年（1875年）六月间的年度财政决算报告书中特地记上一笔："当时正逢废藩置县，财政、经济事务极度繁忙、困难，井上大藏大辅日理万机，审定各类复杂、纷繁的财政计划，使财政事务逐渐条理化。今天我们通览年度财政决算报告书时，不由得回忆起井上在任时财政十分困难的条件下所做出的巨大功绩。"井上的功劳也包含着荣一的努力，这是不用说的，大隈也承认这一点。俗语所说的"公论在敌"正谓此。

荣一在大藏省入职是明治二年（1869年）十一月四日，辞职是明治六年（1873年）五月十四日。辞职是他人生一大转折点，从此以后他便走上了平坦、宽阔的金光大道。可以说，荣一以辞职为起点，此后他才算步入了真正的人生轨道。这部传记的前半部分至此结束，后半部分从此揭开了序幕。

明治四年（1871年）夏天，他随大隈、伊藤、吉田清成等人在出差去大阪造币局的途中，目睹了当时东京及大阪的工商业者无所作为的状况，痛感国家离繁荣昌盛还有很遥远的过程。一些工商业者面对在官府衙门里供职的人十分卑躬屈膝，唯唯诺诺，而发展工商业所必需的一往无前、奋勇开拓的气概却半点都没有。虽说官尊民卑的旧习还大量存在，但这样的人在工商业界是干不了什么大事的。不如自己辞掉官职，进入工商业界，挽起袖子大干一场，不管将来能否成功，总之想试试看。荣一在欧洲逗留期间亲身体验到只有人民发展、进步，国家才能发展、进步的道理。当时荣一担任大藏权大丞，在这之前的一年里曾受命接手整顿通商司。所谓通商司是明治元年（1868年）设立于大藏省内，专门帮助东京、大阪的主要的商业资本家，鼓励他们成立交易所、商社、新型工厂的机关。可是官民双方都缺少经验，管理者缺乏企业管理知识，从事商业的人又没有勇气闯出新路子，有些厂家损耗多，以至于衰退而倒闭。荣一就是在这个时候受命兼管通商司，整理、整顿各厂家帮助他们恢复生产和业务的。为此他常和东京、大阪的工商业者打交道，看到他们的状态后，深感这样下去不是个办法，于是产生了自己辞职去民间从商的想法。

在这一年的八月，即荣一任大藏大丞时，还有一件事在荣一心里留下了较深刻的印象。当时废藩置县在大久保利通等人的决策下完成了。不久后的一天，担任大藏卿，并且在当时的满朝文武中具有举足轻重地位的大久保，在决定批准陆军省年度支出费用800万元，海军省年度支出费用250万元的计划之前，询问荣一、谷铁臣和安场保和三个人的意见。大久保虽然是大藏卿，但对处理公务极其随意，甚至不太考虑其决定是否能实现。各省厅凡有申请支出费用的，他都立即满口答应。性格虽然爽快，但有时欠缺考虑。这个时候荣一是实际负责人，不能够随便地答允，说道："年度支出费用审查的事不能轻率地下结论。我们大藏省正在统计全国财政收入额，然后尽力调查，算出各省厅支出费用额的比例来。对陆军、海军两省的费用，我们近期算出一个正确的财政收入预测计划后再做决定。"井上和荣一长期以来都为这个事伤脑筋，所以今天这样回答是理所当然的。可是大久保有他的独特的脾气，他极不满意地看着荣一，反问道："依你所说，在没有统计出全国财政收入前不能够支付经费给陆、海军吗？"与其说是反问，还不如说是质问。在大藏卿面前，大丞是只能唯诺听命的。荣一只好辩解道："不，我并没有那个意思。只是说在不知道收入多少之前，就做出决定支付巨额资金，这是财会工作中非常忌讳的，所以我毫不保留地讲出了愚见。取舍决定当然是取决于大藏卿。"荣一回答完后就退席了。他当时的态度不得不弱。大久保虽然身为一人之下，万人之上的国家栋梁，现在又正好是他的顶头上司大藏卿，可是其财务、经济知识比起荣一来，却出乎意料地贫乏，这不能不让荣一困惑。他又想：井上不管怎样辛勤地工作，也得同其他人一样，对大久保的意见唯命是从，所以尽管胸有抱负也不可能实现，还不如辞官到民间为国尽力。想到此，他来到海运桥井上的家里，请求井上允许他辞职离开大藏省。井上却无论如何也不放走荣一，对他说道："既然如此，最近一阵子你去大阪监督造币局的事务。"荣一没办法，只好将就着工作，暂时把自己的要求放到一边。

在招致大久保的极为不满，想到辞职的这一年的冬天，即十一月末，参议西乡隆盛突然造访了荣一的私宅。西乡是当时与大久保对立，出身于萨藩的另一实权人物，其威望赫然，功盖群臣。可这时他好像忘记了自己的权贵身份，微服造访一个身份比自己低得多的人家里。更奇特的是西乡来访的目的。西乡对荣一说道："幕府末期二宫尊德的兴国安民法不失为良法，遗憾的是现在快要随着藩一起废绝了。足下身在大藏省，专门分管废藩以后的善后工作，能不能想个办法保存二宫的法规？"本来，不可能完全否认有些人认为二宫的报德法是行之有效的良法，当时有些人仍想沿用其法。可是这个二宫法规是当初各藩对立时，一些藩的侯、伯使用的。如今已经实现废藩置县，怎么还能实行这个法规，又在哪个地区，哪个机关实行呢？中央政府正因为实行统一的行政管理，才废藩置县的，怎么可能还将二宫法在某个旧藩里保存下去呢？西乡究竟是抱着什么目的来找荣一商谈这件事的呢？在时过境迁的今天已经无法解答这个问题。荣一曾在折田要藏处学习筑城术的时候就已经见过西乡了，后来任枢密权大史的时候想必也和西乡有过一面之交。西乡和大久保虽然都是萨摩出身，但一个是军人派的头目，另一个是文治派的头目，自然相互之间时有矛盾。在荣一与显赫的大久保相抗争，意气消沉还没过多久的时候，同大久保同官同位的西乡亲顾茅庐，拜访荣一，这说明荣一在西乡眼里也并不是一个无关要紧的人。对西乡的一席话，荣一是怎样品味，然后回答西乡的呢？他答道："阁下以参议员的高贵身份屈尊光临寒舍，指教卑官，本该立即受命，可是二宫法规以二分之一的原则储蓄钱、粮，而现在的政府与此正好相反，是采用量入支出的原则。我们尽了最大的努力实现这个原则。可是太政官常常轻易地允诺各省厅的支出费用的要求，向大藏省强行索要巨额的支出。阁下若以为二宫法规良好，卑官希望您以对旧藩的热心首先为现政府的弊端多多考虑。"荣一这番话表里如一，开门见山，不管二宫法规是否存续下去，他首先说出了自己长期以来的想法。西乡本来就不是个听不懂话意的人，所以听了荣一这个回答，便起身告辞道："我只是为了相商二宫法规而来，而不是为了同你辩论来的。既然如此，请允许我告辞回家！"

前面提到的得能通生，即后来被称为良介的，由于在明治五年（1872年）五月对担任少辅代理的荣一施加拳脚而于这个月的二十二日被罢免官职。虽然这是件小事，但反映了当时政界藩阀派系斗争十分严重。得能通生虽然被井上免官，但井上和荣一离开大藏省后他又回到了大藏省，担任造币头，直到明治中期他一直历任各职。此人与其说是经济家，不如说是思想家。他在大藏省任技监时，曾经将狩谷棭齐的《和名抄笺注》在业余时间出版。他好学问而不好理财，并且正好也是萨摩藩出身。也许是巧合，荣一自从与折田要藏打交道以来，就一直与萨摩藩的人相处不好，反过来却从血洗岛离开以来就自然而然地与长州的人过从甚密，在京都遭到逮捕危险时，想去长州的多贺谷勇处，在大藏省任职时，自然地与伊藤博文，特别是井上相互支持、合作，所以他被一般人认为是长州系统的人。这些杂事也许是使荣一不喜欢做官的一个小原因吧。

明治五年（1872年）十一月，在太政大臣三条公邸里，政府首脑们商议着征伐台湾的事。在这前一年，琉球宫古岛的渔民们乘船随海流漂到了台湾，被当地土著民杀死了54人，逃回的有 12 人。为此，参议西乡、板垣二人、外务卿副岛种臣等人主张，必须出兵惩戒，并且将琉球王封为藩主，名正言顺地征讨台湾。同时派遣陆军少佐桦山资纪视察形势，又聘请了精通台湾事务的美国人米歇顿。在各方面准备工作完成后，正计划付诸行动，考虑到当时台湾属于清朝版图，弄不好军事行动会超出一个孤岛，所以事关重大。为此三条太政大臣十分忧虑。这时岩仓、木户、大久保诸人又都远在海外，主战派的势力十分强大。在这种情况下三条主张征求各省负责人的意见，拿出一个切实可行的办法。这时候在财务方面掌握大权的是井上大藏大辅，凑巧他母亲去世，回家办丧事了。荣一就以大藏少辅代理的身份出席会议，根据大藏省的实际情况和能力，说出了自己的意见。他认为幕府末期的骚乱刚结束没有几年，百废待兴。耗费巨额资金，给人民带来凋敝，又与清朝发生冲突，是应该极力避免的。他明确指出副岛等人论调的不合理性。在座的其他人大都同意此次征伐会给日中关系带来突然的影响，所以最后副岛的意见暂时被束之高阁。虽然如此，在财政困难，井上和荣一都十分头疼的时期里，政府的高级首脑里不少人竟然提出出兵台湾的计划，说明井上和荣一是如何地忍辱负重地坚持工作的，也说明荣一这样一个少辅代理必然会受到铜墙铁壁似的具有强大势力的军国派的忌恨。

与征台论几乎是同一个时期，上面提到的司法卿江藤新平，文部卿大木民平被削减了预算，于是向正院提出抗议，以至于改变了大藏省的决定。井上见正院倒向了江藤新平一边，便称病拒绝上班，甚至打算辞职。幸亏三条公好说歹说，事情总算有了个结局。到了明治六年（1873年）一月，当初没有达到目的的江藤新平、福冈写了长文意见书及辞职申请，向三条太政大臣施加压力，紧接着大隈出任大藏省事务总裁，终于引发了五月井上和荣一同时辞职的事件。综合上述多种情况来看，荣一的辞职是有原因的。倒是他忍辱负重了相当长一个时期，颇令人感动，可是，如果说荣一仅仅是因为这些消极的理由便辞职下野，那又太片面了。对荣一来说，更重要的原因，是他长期以来抱有的信念，即民间发展了国家才能真正发展。为了使民间各项事业进一步发展，他要挺身而出，下野到民间中去。这个信念一直像一团火似的在他胸中燃烧着。

上面记述了荣一在大藏省任职时的一些主要事迹。除此之外，他还处理了一些至关重要的事，在他任职时还没来得及公开，辞职后才被公布于世。这些重要的事情在荣一辞官之前就已经妥善处理掉了。其中之一就是对藩债的处理。所谓藩债是指从幕府时代起至明治初年，各藩在发行藩札以外为缓解暂时的经济困难而发行的债券。有的地方是以提前交纳租税的形式，既可交纳货币也可交纳实物。种类、名称也是形形色色；借入、偿还的方法、期限各不相同，极其繁杂。

新政府于明治三年（1870年）九月命令各藩还债，也是隔靴搔痒。政府在这个期间完成了废藩置县，有的地方一些债权者甚至逼着藩主还债，以至于官司打到地方的衙门。政府统一进行调查以后，决定天保十四年（1843年）以前的藩债全部作废，从弘化元年（1844年）起到庆应三年（1867年）止的藩债作为公债，从明治五年（1872年）起用50年时间无息偿还；从明治元年（1868年）起至明治五年（1872年）止的藩债作为公债，从明治五年（1872年）起，用25年时间偿还，头三年无息，以后年利为四分。此外还有其他几条附属条款。这就是日本发行的最早的公债证书条例，通过这个条例，过去一切公债、藩债的纠纷全部得以解决。当时申报的藩债总额高达7413万元左右，通过大藏省的逐一辨别，除掉3900万元，认可了3486万元，由政府负担，将明治以前的旧公债，明治以后的新公债总计2541万余元作为公债交付了债券，其余的全部以现金一次还清。上面所说的申报总额7400万余元是对外国人的债务，通过谈判，减去了100万元，将280万元作为公债，按照荣一等人的意见，用现金支付，一次还清。至此，所有的藩债全部处理完。

　　与藩债相似的，还有所谓皇族负债。皇族宫廷的经费一向很少，明治维新前后皇族也因为各种情况而出现经费不足的状况，自然地依靠借债度日。维新后大政奉还，皇族的债务难以长期搁置不问，于是大藏省仍依照藩债处理的政策办理，命令宫内省调查，由于数额不大，就果断地决定立即以现金还清。虽然是件小事，其决定却十分正确。这些政策在井上和荣一辞职以后由大隈付诸实行。

废藩以后，当初的各藩士族自然失去了职权，同时历来的家禄、赏典禄等制度也随之消失。可是如果不支付他们相当于过去俸禄的费用，显然会危及他们的生活，这也是一个亟待解决的问题。明治六年（1873 年）十二月，政府制定了秩禄公债证书，明治九年（1876 年）八月制定了金禄公债证书，分别给贵族们以生活费用。虽然这些公债证书是在荣一辞职后公布于世的，但是其审议、决定是他还在职位时就已经完成了。因为明治六年（1873 年）四月二日荣一与井上联名写信给赴美的大藏少辅吉田清成，信中曾写道："关于俸禄制度，已有种种商议，现已大体上决定，只是付诸实行尚需一段时间。"这说明荣一还在职位上时就已经有了成熟的方案。当然伊藤博文也曾为此事费了不少的精力。

还有一件大事，就是租税改革。由于荣一就是作为租税正被起用的，所以他理所当然地一直为此事呕心沥血。租税问题一方面直接关系到全国人民的生活、生产，另一方面又牵涉长期以来的历史渊源及习惯势力，所以是一个难题。现在政治改变了，各个地方的人民以实物纳租、赋徭抵租的形式也必须随之改革。在这个过程中，如果新的租税不被人民群众接受的话，维新大业就可能会成为泡影。这些原因使得荣一不得不小心谨慎地制定政策。明治元年（1868年）以来，政府对租税的征收只能沿袭旧制，即使明治二年（1869年）几个大名藩主奉还了版图，也不能马上就改变租税制度。三条、岩仓二公及木户、大久保、西乡三杰虽然在名义上接受了旧政权，改变了国体，但在富国治民的一些具体事务上不能说具有丰富的知识。明治三年（1870年）七月以后，大藏省在仍然承认旧制的基础上，对各府、藩、县颁布了一个检查规则。明治二年（1869年）冬天，荣一突然由静冈藩提升到中央政府，被任命为租税正。政府虽然采取了以上几项措施，但从庆应三年（1867年）十月德川庆喜政权奉还以后，经过明治元年（1868年）、二年（1869年），在二年六月，诸大名将版籍奉还，直到明治三年（1870年）七月以前的很长一段时间政府对租税问题没有下达过任何指令。似乎满朝的公卿和地方武士、浪人都对实际的业务工作一窍不通，仅仅是在混日子，因为如果有所考虑和见解的话是不会稳坐钓鱼台的，但是又不可能永久地沿袭旧制。于是政府才想到荣一这个人物。荣一也并非已经掌握了驾驶巨轮的诀窍，他只有一个想法，即日本历来的实物交租、赋役形式必须打破，以欧洲的货币交纳形式取而代之，可是具体该怎样进行这场经济改革，也还不十分成熟。他曾对大隈表示出辞意，大隈对他说："足下提到因为没有学问，没有经验，因而想辞职。可是没有学问，没有经验的不仅是你一个人，政府里所有的人都是如此。"

这是大隈的心里话。谁也不可能满腹经纶，胸有成竹地说出该如何收租。邮局事务也是一大实际问题，同样是那些公卿、地方武士们摸不着头脑的事情，于是荣一推荐了静冈的前岛密到中央政府，好不容易才理清头绪。与此相同，租税问题也是极其复杂，难以处理的问题。荣一一到中央政府便建议成立改正挂，网罗人才百官，又将前岛密、赤松则良、杉浦爱藏、盐田三郎等人请到中央，其目的就是广集众议，合力攻关。

历来征收地租是通过"检见"的方式测定出土地的宽窄、土质的沃瘠，然后标上等级，算出收获的产量，最后算出课税的标准。所谓检见是古代毛见的变异语，毛见是说明观察稻谷的毛，即观测稻谷的产量而产生的词，不仅要观察稻谷，还要观察棉花及其他各类农作物。这种制度似乎是从武家时代开始使用，在德川时代的地方志里多有记载检见的文字。要更详细地解释这个制度的话会涉及极复杂、极广泛的范围。总之地域不一样执行的方法也不一样，农民们负担也常常不平均。这种收租方式弊端较多，特别是天灾人祸的年头更是难以执行。现在是新政权，再也不是封建时代了，起码要在全国统一规定一个办法；同时又必须废除实物交租等烦琐手续，改为货币纳税的简便手续。还必须考虑到，人们总是习惯于熟悉的事物，疑惧新事物，即使是好的办法也不会被认为简便易行而很快接受。面对这么多难题，最初荣一感到无从下手。统一公平是最重要、最必需的条件，所以荣一新官上任，第一件事就是商议进行全国土地普查，通过普查来检查土地，纠正产量的不均衡情况。明治三年（1870年）七月废除检见规则，也是想通过几年的检见来测定其取个附，即所得的数目，规定均一的税率。这件事只要是有些经济头脑的人都在绞尽脑汁想办法。明治三年（1870年）六月，众议官判官神田孝平将田租改革案上交给太政官，主张若要根除检见方法的弊端的话，宜允许土地买卖，给土地所有者以地券。地租按照地价以货币来征收，地价以土地的优劣而合理制定，所以公平。不知孝平是从什么地方学到这个主意，如果照此办的话，能够一石三鸟：统一、公平和以货币交租。这个方案一时轰动了政府上下，成为地租改革的一大原因。明治四年（1871年）七月政府实行了废藩置县，全国各地都属于中央政府的管辖之下，租税改革的大业更加迫在眉睫。同年九月大久保大藏卿、井上大藏大辅向正院提出了地所买卖放禁分一收税法设施的方案，允许土地自由买卖，重新测定各所持土地的估券，检查全国土地费用的总额，最后制定一个简易的收税法。同年十月，井上大辅、吉田少辅向正院提出了国内税法改革预测意见，主张废除土地买卖的禁令，设立地券税法，减轻农民过重的贡租负担，同时使那些具有土地的人交纳地租，以增加政府的财政收入。正院批准了这个方案，并且反复研究了推行过程中的方法，认为这个方案切实可行。于是同年十二月，正院对东京府管辖下的土地一律发行地券，命令其所有者必须依照地价交纳地租。在此以前土地有武士地、町地等不同称呼。从这以后就废止这些称呼，统一称为东京府土地。到了明治五年（1872年）一月，大藏省下达了东京府地券发行及地租收纳规则，日本最早发行的这种地券，效果很好，推行顺利。这时大久保和吉田在海外，井上和荣一通过租税头陆奥宗光、租税权头松方正义等人执行了这一改革。由于新方法的实施效果好，太政官又发布了命令："自古以来禁止土地买卖，从今以后士农工商各阶层的人民都可以买卖土地。"在承认土地的买卖、所有权的同时，这一方案还规定了纳税义务。到了七月四日，不分土地买卖、转让还是别的情况，一律授予地券，承认其所有权、测定出纳税额。明治六年（1873年）二月，政府给全国的市街区域没有税的土地也授予了地券，根据地券上的地价征收地租。明治五年（1872年）七月二十五日大藏省租税寮设立了"地租改革局"，规定其职务范围是革新一切租税方面的旧制，制定相应的新法。同年八月五日规定了租税寮事务章程，规定凡没有具体规定的事务由大藏卿、辅判定，凡有具体规定的事务依照租税头、权头的指令来执行各项工作。租税改革本来就是一件历史性的大事，不能一蹴而就。在改革论中，陆奥宗光是急先锋。他还在任租税头时就已经向中央提出改革方案，明治五年（1872年）五月离开中央担任神奈川县令，仍然向中央反映田租改革的意见，提出"必须废除历来的依照产量、级别、检地、检见等交租方法，实行按照田地的价格，征收一部分的金额，规定年限，以充地租的新方法"。这年七月，他重回大藏省，担任租税头，在井上、荣一的命令下，向各地方官发出通知，征求意见。明治六年（1873年）四月，各地方官70余名聚会于大藏省，以井上为议长，商议地租改革的方法。通过此次会议，改革的思想在政府上下更加坚定。会后从议员里选出若干人作为委员，命令其起草地租改革法。井上和荣一已经准备好向正院提出这个改革方案。就在这时，即五月十四日，井上和荣一同时辞掉公职。大隈在十九日将上述方案向正院申报，得到了许可，七月二十八日，大藏省将中央精神传达到全国，太政官也发了布告。到此为止，明治政府才算是作为一个像样的政府出现在民众的面前。明治时期最大事件之一是地租改革。这个改革是明治六年（1873年）七月二十八日完成的，可是其形成过程并非一日之功。其中重要的一步是这一年的四月的大会，这次改革确切地说是荣一从明治二年（1869年）十一月受命任租税正起，至明治六年（1873年）五月辞官为止逐步完成的。涓涓流水汇成大河，大隈、伊藤、吉田、井上、神田、陆奥、松方等人的力量汇成一道，最后才流到大海。

第四章

近代资本主义的滥觞

实业之王

荣一于明治六年（1873年）五月辞官，同年六月成为第一国立银行总督。在这以后的漫长时期，荣一再也没有任官，沿着一条笔直、平坦的大道坚定不移地为日本实业界的发展和全社会的文明鞠躬尽瘁，呕心沥血。到了这个阶段，荣一才真正称得上是所谓士魂商才的伟丈夫。从这个意义上说，荣一真正的人生是从明治六年（1873年）六月开始的。但如果认为荣一在这一年五月前拉下了丰富多彩前半生的帷幕，从六月开始了人生新的舞台，这未免过于奇特，令人难以置信，似乎是他为了登上第二个舞台而从第一个舞台里逃脱似的。社会上并不是没有这样的人物，而荣一却不是这样的人。当然在这以前荣一曾经想置身于民间，尽量多尽些微力；又因为藩阀派系的影响受到了一些不好的刺激，但这些心理上的因素不可能在现实生活中如此巧妙地产生作用，最终还是社会发展的趋势使现实生活发生变化，吸引着人才施展他们的抱负。从大藏省到第一银行，其动作之快像从这棵栗树跳到那棵栗树一样。普通人失业后，总会有个或长或短的失业生活。荣一完全没有这个过程，可见他是多么顺畅啊。这个转换过程足以将他的人生一分为二。荣一与井上联名写下万言书，愤然离开政府，在其他人看来，也许有刘备骑马越檀溪时的紧张感。可是他泰然处之，置身于官尊民卑的社会中，这也反映了荣一的风格。

荣一的命运如此自然地发生转折，这里面同样有其合理的原因。本来日本在第一银行之前没有别的银行，将"邦克"翻译成"银行"的是荣一。这里"银"不全是指银而统指金银，"行"是人们所说的一百二十行及中国明代所说的三百六十行，即店铺、行业，比如丝店、米店、石店等。过去"银行"一词也并非没人使用过。但荣一作为第一国立银行的创始人，将"纳雄耐尔邦克"翻译成"国立银行"。"银行"这个词在日本的使用，是通过荣一实现的。当然，这件事的根本原因是历史发展的必然，不能将一切都归结到荣一的善心或聪明才智上。人创造了银行，同时历史的发展又推动着人的前进。只要是时代的善良之子、聪敏之子，不管在什么时候都会取得事业的成功。

日本过去虽然没有银行，也没有这个名词，但是德川时代 300 年的太平和文明也使得社会适应经济需要，成立了类似银行的组织，如御为替组、御挂屋、大两替、札差，等等。所谓御为替组和御挂屋是指一些资产雄厚、信誉高的商家为中央政府及地方政府的掌权者融通金银的机构。两替是指在各种货币与金银的交换过程中起融通作用的组织。札差是指在江户、浅草的藏前，即米仓所在地前围成一圈的富豪商人。他们专管幕府士族米的供给和货币与米之间的流通，还以其预定供米粮的定量为担保，为士族们借贷米粮及其他物品提供方便，每年的俸禄到手后，士族们将所借米粮还给商人。这其实已经在某种程度上起着银行的作用了。世人熟知的大口屋晓雨、村田春海等就是这种富商，其中的伊势四郎在明治维新后仍然保持稳固的地位。可是这类经济机构在明治时代已不能满足需要，随着封建制度的崩溃，当然需要产生新的机构、组织。

回顾日本银行成立的历史，就会理解荣一辞官后到成为银行家的过程。明治政府刚成立时，政府就在会计官中设置了商法司。明治元年（1868 年）在商法司的监督下设立了贸易商社，以三井八郎右卫门为总头取。贸易商社执行的事务后来交由通商会社。明治二年（1869 年）政府废除了商法司，同时废除了会计官，成立了大藏省。通商司属于大藏省管辖，不久又属于民部省，明治三年（1870 年）七月再次归大藏省管辖。到了明治四年（1871 年）七月，通商司也全部废除。

通商司成立时，政府赋予的权限几乎涉及经济的各个方面："促进物价平均，商品正常流通；建立货币兑换处；促进货币金银流通，管理流通市场；管理进出口贸易；建立商社；监督商税"，等等。在通商司监督下，设立通商会社、交易会社等商社，命其经营。

通商会社在东京、大阪、兵库、大津、堺、小滨等地开店，通过内地商人的合资，进行对外贸易，还进行物品的抵押借贷，处理各地物产供应、贩卖事务，有时还附带地经营仓库业。

交易会社同样地是各地鼓励富豪商人合资而成立的。政府为了补充其资本的不足，给通商会社和交易会社都贷了巨额资金。这同前面所记述的太政官札一样，一方面可以说是保护工商业，另一方面其实也是将巨额的纸币强行摊派给地方商人，以图其流通。这个会社也在东京、横滨、新潟、京都、大阪、神户、敦贺等几个地方设立店铺，主要协助通商会社，同时促进民间金融货币的流通，经营钞票兑换、储蓄、贷款、外国货币及古金银的买卖等业务，还有发行纸币的特权。这些会社几乎与今天的银行业起着相同的作用，可以说是银行的滥觞。

航运会社是明治二年（1869年）十二月在政府的鼓励下，由旧的航运店、人力夫店、搬运店等合作而成立的，总店在东京灵岸岛。明治三年（1870年）一月，该会社在东京和大阪之间定期开航，成立时得到了交易会社的支援。上述三个会社受到了政府的极力保护，当顾客久欠债务而无法偿还时，由政府负责偿还；对通商会社，即使没有抵押的情况下，也从交易会社中抽出资金借款给通商会社，帮助这些会社的发展。可是从开始就有些不合理，因为政府把巨额资金借给这些会社用的是太政官札，难以得到制度的保证。从坏处说，是政府以这些会社的名义使官札具有价值，并在社会上流通，可是官札不能保持票面额，在社会上大幅度地贬值，这怎么能给上述的会社带来有利的局面呢？到明治四年（1871年）三月，大藏省对这三个会社的管理已经力不从心，于是将"商社……在这以前统属于通商司管辖，但地方官不管理。此项事务拟有不合理之处，故宜将其商社交给各地方官管理"这一意见向太政官提出，将商社的工作分给各地方官，让他们代理此事，可是将商社的管理从通商司转移到地方厅时，由于会社的经营不良，连京都这样的明治维新的大本营都不愿接受。通商司碰到的这个困难，交易会社的大失败，当然也有经营管理上没有经验的原因。总之政府陷入了束手无策的地步。同年七月二日通商司被废除，交易会社归出纳司管理。

通商司和三个会社的成立，都是荣一就官以前其他官员办理的。正当这些组织走下坡路、濒临崩溃的时候，荣一由大藏小丞逐渐地被提升到大藏省的领导核心，有机会全面地了解日本的经济状况，留心考察了什么样的机构对经济界有促进作用。为人谋而忠，是曾子的美德，荣一的一生也正是尽忠的一生。这时还有一个为人谋而忠的人，这就是大藏少辅伊藤博文。待人信而不疑的他，痛感国家的经济状况不能不改，必须建成一个健全有力的经济制度，主动要求前往美国考察，了解先进国家的经济情况，以期为日本的经济管理、经济改革做出贡献。伊藤到美国时正值长时期的南北战争刚刚结束，尽管战争创伤尚未痊愈，但举国上下意气风发，人民逐渐从战争的疲惫中复苏。这正与日本幕府崩溃、王政一新的历史时期相似。伊藤博文详细地考察了美国的经济制度及其实际运用以后，向本国政府提出了三条建议：第一，维护货币的信用，采用金本位；第二，发行公债证书，通过名正言顺的方式得到资金；第三，设立纸币发行会社。这个名称今天听来有些奇异，其实就是今天的银行。在建议书中，伊藤还附上了1864年出版的美国纸币条例。伊藤的这个建议正合时宜，因为美国也同样地在1860年前后发行了大量的不兑换纸币。为了消除这一弊端，美国成立了国立银行，致力于经济整顿。伊藤以美国的这一措施为样板，企图以此来挽救日本经济。而这时日本正值交易会社等机构惨遭失败，经济面临危险的时候，伊藤的这个建议真是雪中送炭。当时日本尚未有国债法、银行法，如果立即实行上述三项建议，普通的人难以接受，而且日本与美国的国体也颇有差异。考虑到这些，大藏卿伊达宗城、参议大隈重信、少辅井上馨及荣一等没有立即认可并实行，但是荣一曾在欧洲逗留过一段时间，对银行的机能、性质有所了解，虽然地位低，却比其他人稍能接受伊藤的方案。伊藤于这年五月回国，极力宣传自己的主张，进行启蒙；与此同时，吉田清成等人却主张与其成立国立银行，不如成立金券银行的组织，采用兑换制度。一时大藏省议论纷纷，难以定夺。就在此时的七月十四日，政府果断地进行了废藩置县的大改革，人们也随之倾向于伊藤博文的方案。到十一月，大藏省终于下决心采用国立银行的方针。虽然名义上采用的是伊藤的国立银行方案，但实际上两种观点的持有者都相互做了让步，纸币银行论者将其论点的中心部分，即纸币兑换的观点改为金银兑换，金券银行论者同意了以公债证书为抵押发行银行纸币的计划。最终的方案是以美国纸币条例为蓝本，加上英国的金券银行制度的调料，二者折中而成的。

荣一这时兼任纸币头，与权头芳川显正一道，以美国纸币条例为基础，参考欧美诸国的货币法规，调查研究几个月之后，在符合日本国情的前提下，起草了日本的货币条例。明治五年（1872年）六月十七日，荣一与井上、上野在该条例上署名，向正院申报。十一月十五日该条例得到正院的批准，以太政官的名义公布于世，这就是《国立银行条例》《国立银行章程》。其中，《国立银行条例》由28条161节组成，其大纲规定：国立银行需要大量的资金。其资本金额的60%以官札、大藏省札及新纸币的形式支付给大藏省，然后从大藏省领取同等额的公债证书。作为担保交给大藏省，从大藏省领取同等金额的银行纸币，使之在市场流通。除此以外，还有40%的资本金以本位货币的形式存于银行，作为发行纸币的交换预备金必须经常保持在纸币发行额的三分之二以上；银行股东在银行开业以前须将一半的资本存入银行，另外一半的资本以资本金额的一成为单位每月存一次，从获得开业许可证后的下一个月起开始存。纸币的种类分为1元、2元、5元、10元、20元、50元、100元、500元8种。这种纸币不论是在官厅、银行、商会及任何地方，只要是在日本国内，都必须以与金银同等的价值通用。《国立银行章程》里则附上了对银行的头取、支配人、取缔役等负责人的规定。其规定以纸币头的名义，不厌其烦地、如同母亲扶着婴儿走路似地讲得极其详尽。当时政府发出的许多文件，从没有如此详尽。这里略举如下：银行必须认真、精细、准确地记录其业务活动；处理事务必须慎重，不拖延；挑选头取以下的负责人的方法及条件；开展业务必须有二人以上，且可信的行员在场。关于贷款的规定：证明类的文字起草不能空洞无文，尽量避免一次贷出巨额资金；要祝愿挂钩的业务伙伴的繁荣、发展；经常意识到国立银行是为了日本全国利益而存在的；银行不能录用生活奢侈的人；银行的投资金额须保持实际数额，不能徒有空名；银行以信誉坚挺为生命；发行的银行纸币不能抱有永久通用的想法，必须经常努力将纸币换成金银货币；等等。

政府成立银行的工作就这样扎实地进展着，一旦实际经营、组织一个银行的话，还必须在民间经济界里物色强有力的人物。在那个百废待兴的时代，经营银行的困难是今天难以想象的。一些民间实业家面对着百般困难，不得不小心谨慎，以至于显得怯懦。荣一等人鼓励他们积极、勇敢地开创新事业，共同担起国民银行的重担。明治五年（1872 年）五月二十一日，豪商三井八郎右卫门、小野善助及其两方的番头、手代等人被请到井上馨的家里，井上和荣一劝他们组合起来成立国立银行。到了六月，他们交上了成立国立银行的申请书，八月十五日，政府批准了这个申请，命令他们取名为第一国立银行。十一月十五日，发布了国立银行条令，同月着手募集股东。明治六年（1873 年）五月十四日荣一辞职，六月十一日出席了第一国立银行股东的第一次集会，被推举为董事长，因他尚有些公务在身而没有接受。十二日荣一就任总监役，七月二十日国立银行得到临时许可证开始营业，三十一日拿到许可证，八月一日在纸币头芳川显正和荣一的祝词声中，银行举行了开业式。就这样，我国首次有了银行，荣一也以一个适应时代要求的完全新型的人出现在世人的眼前。

　　商人自古以来就存在。然而那不过是沟通有无、埋头于金银之间的人，是只有生财置产之念的人，而像荣一这样为增进国家和民众的福利而从事商业的人物，这以前几乎没有过。金融经营者也是自古以来就有的，可那些人也不过是以本赚利，而像荣一这样以使全社会的金融流通更加健康，更加畅通为目的的人物在这以前几乎没有过。同样地,从事各种实业,建功立业的人自古以来也有之,那也多半是为自己个人的利益而经营,像荣一这样以全社会实业的普及及其广收效益为目的的人则少而又少。荣一以前的社会是封建社会,因而其整个社会制度、社会经济、工业及社会风貌,无不是封建的产物,人们的思想和精神文化也无不是在封建制度范围内的思想和精神文化。如果用全面的辩证的眼光来看,封建社会的各种事物中自然也有其合理的、有利的因素,并非凡是封建的东西就一定是假、恶、丑;可是日月运行,四时变迁,日本在经历了长时期的封建社会之后,现在已经来到了其社会已经不能够再存在下去的十字路口了。世界诸国比日本要稍早一些摆脱封建社会的束缚,而在日本,封建社会已经腐烂发霉,使人厌倦。就在这个时候,从外国涌来了资本主义的浪潮,它拍打着日本海岸的泥沙和矶石,惊醒了人民的长梦,随之而来的是尊皇攘夷的运动。尊皇固然是维护我国的国体,攘夷则是出于国民的忠勇义愤。其中确也有些出于各种不纯的目的而试图鱼目混珠者,但那只是极少数。从整体上看,尊皇攘夷的运动是出自诚心的。这个运动汹涌澎湃,冲倒了武家的幕府统治,带来了明治维新。这当然是因为幕府的对外政策不得人心,从而引起了人民大众的不满,因而逐渐不能自保。如果从历史的观点来看,正如树木有其树龄一样,封建统治已经日暮途穷。三百年的和平生活和文明发展已经使德川社会不能继续束缚在封建统治下。社会的急剧变化，人心转移到新的事物上，经过长期的酝酿，一切都表明，历史要求出现新的统治方式，比封建制度具有更大容量的，不是地方割据而是全国联成一体的统治方式。人们无意识地、不约而同地要求这种新的统治方式，这意味着封建制度已经完成它的历史使命。在这个时候，全国范围内形成共同市场，致力于繁荣富强的外国的波涛连续冲击着日本海岸，国内国外遥相呼应，就像琴弦在琴身的表面振动时相互共鸣一样。当时的先觉者出于爱国激情，举着尊皇和攘夷的两面大旗，立志推翻江户的幕府统治，结果幕府统治倾覆，明治维新成功。人们主动地去创造条件，促使新的资本主义时代的到来。经过这样一个错综复杂、大浪淘沙的过程后，有些东西退出了历史舞台，有些新东西涌现出来；那些封建割据的因素逐渐消失，而君主立宪、全国统一的皇政则取而代之。社会的上层建筑发生了这种巨大的变化，可社会的经济基础及下层还未来得及变革，旧势力依然以种种变相的形式存在。在民众当中，觉察到了社会矛盾的只是少数人，绝大多数仍然生活在个体的、割据的、封建的旧圈子里面，在这种割据的、封建的旧圈子里面，新事物的发展是有限的，正如五指分开没有握成拳头出击有力一样。新型的企业必须把狭隘固陋的封建束缚消除，建立统一市场和君主立宪的皇政制度以后，才有可能得到真正的发展。这时的国家制度已经不再是封建的制度，实业界也从割据孤立的陋习中摆脱出来，自由的新鲜空气孕育着即将到来的大发展。在这种历史背景下，荣一目睹了外国的资本主义产业的繁荣盛况，出于忧国爱民的热情，立刻要将日本的实业界建设成新时代的实业。他极力主张的合资经营就是打破封建的、割据的、孤立的经济形式，将各个分散的少量资本联合成集中的大量资本，将微力联合成强力，以适应新社会的发展，繁荣企业。如果说西乡、木户等人的运动在政治制度上打破了封建割据的旧制度的话，那么荣一则在实业界、经济界打破了封建割据的旧形式，在合资主义的大旗下面，努力建设新型的企业。西乡、木户为了勤皇运动，即使脱离了藩，成为浪人也无所遗憾；同样地荣一辞掉官职，下野到民间里也不觉遗憾。这样做更加符合他的初衷，因此他觉得自己离最终目标接近了一步，为此感到满足和喜悦。此后的他成为一个名副其实的为公共社会谋福利的企业家，而不是封建时代的商人；他又是一个以身作则、带领企业界里涌现的人才共同前进的群马之首，为提高日本人民生活水平做了极大贡献。

下野到民间后的荣一犹如骏马飞驰在平坦的大道上，一日千里，势不可当。他不停地奔驰着，达到了他的最终目标。我们到这里也该结束这本传记了。此后的荣一从事的事业牵涉面极广、又是在漫长的岁月里完成的，宜另外编写一部涩泽荣一事迹史料，将他及他有关的材料逐一地记录下来。需要补充的是，荣一在明治六年（1873 年）辞官时正值 34 岁，以其脱颖的天资、丰富的阅历、英迈的精神，一言以蔽之，以伟丈夫的气概去从事自己早就盼望的事业。除此以外，他还具有已经得到的社会地位、权威、信用；有旺盛的精力；有合适的时代环境，万事俱备。只需要他站出来汇集百溪，滚滚流入汪洋大海。

虽然如此，他也并非一切都一帆风顺，第一银行在初创阶段就遇上了困难。为了克服这个困难，荣一花了极大的气力。三井财团和小野财团历来就不愿合作，想独立经营，在荣一的动员之下，两大财团及其他的小量资本联合起来，成立了银行。没想到第二年，即明治七年（1874 年）十一月，小野财团因其他业务惨遭破产，银行受拖累，不得不对小野财团进行巨额贷款而陷入了困境。为了度过危机，银行只好将 250 万元的资本改作 150 万元，同时三井方面的三野村利左卫门提出将银行收归三井财团支配的建议。本来第一银行主要由三井财团和小野财团出资成立，现在小野财团为了还债，将自己的股票让给银行，银行自然只剩下三井方面的资金，事实上也就等于三井方面在经营第一银行了。三野的提案对三井当然是合适的，可是如果照办，就等于第一银行自行消解。荣一当然不能按照三野的话去做。不仅如此，他还大胆地调整了第一银行与三井之间的关系。为了避免再度出现类似第一银行与小野财团之间的关系，他在征得纸币头得能良介的同意后，竟然修正了银行条例，坚决确保银行作为全社会的公共机关的独立性质。最初银行是以三井、小野的资金联合而成立，三井为头取，小野为副头取，行员几乎全部由三井财团和小野财团的人组成，荣一的监督当然不能顾及全面，两大财团的人合在一起，虽然不能说是封建社会，也像在封建社会制度下的联盟体，这当然会发生上述那种情况。这时荣一的处境真是苦不堪言。正如源赖朝初举兵起义便在石桥山一战惨败一样，如果银行这时被取消的话，实业界的新的发展不知会延迟几年。荣一毕竟是一个有骨气的男子汉。他站稳了脚跟，拿定了主意后，将自己在大藏省制定的银行条例中的几处错误纠正，向政府申请，发布了有关修正条例的通知。荣一尽管身处困境之中，仍然据理力争，从不放弃自己的抱负。他不再当徒有虚名的总监役，而将银行的全部责任担在自己身上，担任了第一银行的头取；银行的资本额也由原来的250万元削减为150万元，他将全银行经营的实际内容、过程及结果向大藏省说明，力图使银行的新的营业服务成为全社会企业的楷模。明治九年（1876年）一月，银行完成了改组，以英姿飒爽的第一国立银行的鲜明旗帜出现在世人的面前。这一次遭遇使他因祸得福，牢固地确立了银行在社会中的地位。

　　一波未平，一波又起，国立银行的考验并没有结束。政府对小野财团的破产仍心有余悸，为保险起见，不愿将巨额资金放于民间。明治八年（1875年）十一月，大藏省内成立了纳金局，明治九年二月，成立了实金局，不久又废掉二局，成立现金纳拂局，以图取出政府的存款。这对银行来说显然又是一个重大打击。本来银行里就没有闲置的、多余的政府存款，如果一次性全部取出，自然难以应付，只能以关门而告终。明治九年（1876年）一月，银行的业务好不容易刚刚出现好转，三月就碰上了这个新的困难，说明百废待兴的时期里真是风云多变，政府的经济政策极不稳定。荣一这次必须同政府斗争，使其收回新政策。于是他向纸币头得能和大藏卿大隈指出，将巨额存款闲置在政府的官厅里，尽管只是一段时间，也会给社会招来可怕的金融不流通状态，使经济、商业整体的经营陷入困境，同时使银行倒闭。荣一还列举了大量的、详细的数字说明其危害性。在荣一的坚决态度面前，大隈和得能只得服软，将政府存款归还日期延期到六月，并且新给贷款75万元，可以分期偿还。尽管如此，明治七年（1874年）上半年政府的存款总额为990余万元，到了明治九年（1876年）下半年，便急剧减少为220余万元，对比之下，第一国立银行所受的打击之重可想而知。这时政府的不兑换纸币发行量年年增加，终于引起纸币币值的一落千丈，银行纸币也受到影响。第一国立银行发行的五种纸币的流通剧减，到明治九年（1876年）九月流通量竟然仅有2.2万元。在这种情况下，银行条例的精神自然丧失。政府于八月改革供给贵族、遗族俸禄的制度及赏典禄制度，以高达 1.74 亿多元的预算发布了《货币俸禄公债证书条例》。银行为适应这个条例，也修改了银行条例，废除了旧条例中的金银货币兑换制度，并向大藏省申请以新条例为准进行营业。得到许可后，银行从十月一日起重新开业。这些事是日本经济史上的大事件，本书难以详细记述，只是想通过这些变化多端、错综复杂的经济形势及第一国立银行过关斩将、转危为安的过程，来观察荣一的始终不渝的勇气和随机应变、有胆有略的性格；也想用事实证明荣一下野后并非一帆风顺，只是碰上好运后才成功的道理。大隈等人有一次甚至想以官威强行夺走荣一在民间的地位。那是明治十四年（1881 年）四月，由于与荣一的经济主张相反的大藏卿佐野和参议大隈的决定，招致了纸币跌落到最低点，每元银兑换纸币 1.793 元。荣一在这之前的明治十三年（1880 年）夏曾召集京滨银行集团代表，成立择善会，提出了与政府相反的经济意见。到了明治十四年（1881 年）十月，松方正义新任大藏卿，着手进行与荣一意见一致的纸币整理案。当时的民间和政府就这样在经济问题上一起一伏，充满了不安和动荡，同时又引起了金融界的沉浮不定。荣一在这中间作为金融及民间经济的领导者、先觉者，保护自己银行和其他银行的利益，促进其发展是多么困难的事啊！

银行成立初期，荣一的功绩还不止这些。他经常想着推动事物顺利地发展前进。大公无私的他开始感到对银行职员进行职业道德教育的必要性了。在今天来看这是最起码的常识，可在当时的社会，人们只顺从官府的尊威，商业贩子不过是四等级中最末席的低贱人，所以人们认为商业教育不过是随从、帮佣在店铺的闲暇时间听老板训话，接受一些不规范的店内教育而已。因此不少人连财会账簿的道理都不懂。荣一知道这是无法适应新型商业的发展的。他特地聘请了英国商业学士香德教育欲从事商业的年轻人。荣一将其中的一部分人录用到自己的银行，其他的都输送到社会上去。从这以后，受过新型教育的这批人被有志于革新的商业企业家录用，新式营业方式、新式簿记法等也随之传播于世；商人的社会地位也比旧式的番头、手代等的社会地位高得多；商业自身也摆脱了受人瞧不起的旧习。由此可见，荣一此举极大地提高了商业整体的地位，成为后来商业飞跃发展的原因之一；同时也是荣一后来创立商科大学、商业学校等研究、培养机关的开端。明治八年（1875 年），荣一与森有礼将一家塾改建，创设了商法讲习所。明治九年（1876 年）五月，讲习所置于东京府的管理之下，由矢野二郎担任所长。此后屡次变迁，成为高等商业学校，又升为商科大学。荣一创建这个商业教育机关对日本商业的发展起了非常大的作用。例如后来成为第一银行的头取，取代荣一的佐佐木勇之助，最初就是跟随香德学习的一名青年。当银行还处在摇篮时代，荣一就开始兴办商业教育，促进商业的发展和扩大。这当然是迫于急需，同时也是荣一具有一双洞察未来的火眼金睛和天下为公的胸怀所致。

松方正义在治理财政方面颇有手腕，其见解、主张大抵和荣一相似。明治十四年（1881年）九月他担任内务卿时就提出设置中央银行。调任大藏卿后，他参照比利时中央银行制度与日本国情，制定并公布了《日本银行条例》，规定政府与民间各出资一半，合起来有1000万元，用来设立日本银行。十月十日，日本银行开业，拥有发行兑换银行券的特权，以图金融制度的统一。与此相关，明治十六年（1883年）五月，政府修改了《国立银行条例》，规定各国立银行从获得开业许可之日起20年内继续营业，期满后丧失发行纸币的特权，变为私立银行。在这段时间，荣一与第三国立银行安田善次郎、三井银行的三野村利助一起，办理了设立中央银行的手续；还本着东京银行集会所的意见，圆满地解决了各国立银行的银行纸币销毁问题。日本银行成立后，纸币与金银货币的差值逐渐消失。明治二十年（1887年）五月，东京银行集会所还通过决议，表彰松方大藏卿的功德。就这样松方和荣一，一个在政府里，一个在民间，都抱有相同的经济主张，荣一则作为民间的领导者，舍私殉公，极力支持松方正义。银行业的拨乱反正，荣一有着非常大的功劳。

明治九年（1876年）《国立银行条例》修改后，在东京开设的国立银行多了起来。各地方的银行在东京设的支店也逐渐增多。荣一平时一贯主张利益均沾、相互扶持，所以带领第二国立银行的原善三郎、第三国立银行的安田善次郎、三井银行的三野村利左卫门等人，于明治十年（1877年）七月成立了择善会。这个名字是由《论语》里"择其善者而从之"一句而来，为了银行间相互谅解，相互沟通，以提高银行业务的精确性和迅速性。明治十三年（1880年）八月，择善会与银行恳亲会合并，变为银行集会所。明治十五年（1882年）三月修改会则，明治十八年（1885年）七月在日本桥坂本町新建大楼，十二月起发行《银行通信录》，作为银行经营者的机关杂志。银行集会所成了为一般银行谋利的有力的组织。

商业中的支票交易和往来是商业发展的重要一环。日本的支票交易也是在荣一一手扶植下产生和普及的。明治十四年（1881年）七月，荣一将东京银行集会所全体会员集体署名的申请书呈给大藏省，要求得到汇兑支票及契约支票的发行流通的许可。明治十五年（1882年）十二月，政府同意这个方案，发布了汇兑支票和契约支票的条例。荣一帮助主要的企业家学会支票的使用和信用交易的方法，还请大藏省工作人员田尻稻次郎进行支票知识的讲座等，工作十分细致而周到。进入明治二十年（1887年）十二月后，荣一同联盟的十五家银行协商，创立了东京支票交易所；明治二十四年（1891年）三月进一步修改、完善了不足之处，支票交易所在组织、交换方法诸方面上已经充分成熟。明治二十九年（1896年）

支票交易所由银行集会所迁往日本银行内，其业务更加活跃。支票在今天来看是社会中极其普通的事物，可在当初从无到有的过程中，没有荣一这样以国家和民众的利益为己任的先觉者，就不会有这种简便而重要的商业形式出现。饮水不忘掘井人，荣一的劳作永远不应该被忘记。

日本自古以来在封建制度的压制下，不曾有过代表工商业者利益的集体组织。这说明了过去工商业者的软弱无力，也体现了所谓国家组织的一部分是欠缺的。关于此事，大隈参议、伊藤参议受到英国使臣巴库斯的极力鼓动找到荣一，商议成立一个工商业者的代表机关且政府答应愿意出钱赞助。荣一早就有此想法，马上约同益田孝、福地源一郎、三野村利助、大仓喜八郎、竹中邦香、涩泽喜作、米仓一平等人商议，然后向东京府知事楠木正隆申请，成立了商法会议所。第二年即明治十一年（1878年）三月商法会议所得到了许可。商法会议所每年从内务省劝商局领受1000元，还得到政府提供的京桥区木挽町的一栋建筑。会议所成立后，选举了荣一为会长。除了上述诸人外，还有岩崎弥太郎、吉村甚兵卫、川崎正藏、岸田吟香、堀越角次郎等数人一并担任委员。会议所制定了会则，明治十二年（1879年）起，刊印了大事录。明治十三年（1880年）起增选了森村市太郎、津田仙、小松彰等委员。这个商法会议所正方兴未艾时，恰逢明治十四年（1881年）五月政府创设农商工咨询会，商法会议所因此遭受了挫折。

明治十五年（1882年）芳川显正担任东京府知事，荣一成为东京商工会创立委员，创设了东京商工会，并积极活动，引发了全国其他地区产生了同样性质的团体。后来，为了得到与欧美各国的商业会所同等地位，明治二十三年（1890年）九月发布《商业会议所条例》时，荣一与众人一起担任商业会议所创设委员；明治二十四年（1891年）五月东京商业会议所取代东京商工会而成立，荣一被推为会长。当时商工会消解，东京商业会议所成立之际，商工会员们一致通过决议，表彰了荣一的功劳。其决议内容详细地记载了商业团体发展变迁的过程，以及荣一在这个过程中始终如一地尽力尽劳的功绩。东京商业会所就这样成为真正的代表商业界的有力组织。明治三十五年（1902年）商业会议所法得以通过。直到今天，其组织对商业界、对国家起到的重大作用不言自明。

作为商业界的一个机关，股票交易所的意义及作用也是极其重大的。在日本建立股票交易所，是荣一还在大藏省时的意见。在经营第一国立银行的同时，荣一进行了研究、准备工作，政府于明治七年（1874年）十月允许在东京、大阪两地各建一所股票交易所，并公布了股票交易所条例。荣一辞官后结合我国国情，要求政府修正该条例，与小松彰、益田孝等人商议筹备。明治十一年（1878年）五月新条例公布后，交易所得到政府的许可正式开业。同时五代友厚、广濑宰平等在大阪创立大阪股票交易所，八月十五日开业。股票交易所也是荣一一手操持，而出现在世人眼前的。可是当股票交易所及米商会所成立之后，荣一不愿担任主要的职务。这是他那温厚笃实的性格和强烈的责任感所致，因为他觉得难以胜任与自己的职业完全不相同的领导工作。这件事颇能反映出他的性格的一个侧面。

荣一还是保险业并指导其业务的创始人。在第一国立银行的经营过程中，为了消除汇兑交易过程中出现的危险和不安，明治十年（1877年）八月末，银行以3万元的资本自己经营了海上保险业。这是保险业的胚胎。第二年，趁一些旧大名、贵族等协会将巨额的闲置资金存入第一国立银行的机会，荣一说服了蜂须贺茂韶等人，使大家认清了保险业有益于国家，也是一项正当的、盈利的事业的道理。明治十一年（1878年）十二月得到了创立海上保险会社的允许，于是以蜂须贺为头取、伊达宗城为取缔役、荣一和岩崎弥太郎共同担任相谈役、益田克德为支配人，海上保险会社于明治十二年（1879年）八月开业。而在此之前，保险业是当时闻所未闻的事业。荣一和岩崎弥太郎相聚在大隈重信的私邸里时，大家的话题拉到了商工业进步上面。荣一谈到了扩张改善金融机关、陆海运输机构、保险业等重要性，其中特地强调了设立海上保险的紧迫性。可是弥太郎反驳道："足下之言不无道理，可是像海上保险之类的事业现在还为时过早。"当时弥太郎是唯一的新型海运公司的负责人，连他都说海上保险为时尚早，这在今天看来是十分可笑而难以置信的，可在当时就是这样。但不久，海上保险会社成立时，弥太郎还是抵挡不住荣一的劝诱，成为创立者之一。只是当时一般的人们不知道利用保险的好处，明治十六年（1883 年）会社曾一度受到政府的保护，后来才得到了飞速发展，取得了成绩。

机械纺织业的发展也赖荣一的贡献颇多。早在幕府末期，萨州藩就购入了英国的纺织机械，文久三年（1863 年）在鹿儿岛城下矶村开设了纺织所。该藩还在泉州堺购得地皮，从英国引进 2000 锤纺织机，明治三年（1870 年）已正式开业。这就是后来的川崎纺织所的前身。此外，东京鹿岛一个叫作万平的人在泷野川村开办了纺织所，这是民办纺织工厂的开端。这几个纺织工厂都属小型规模，不再赘述。从明治十一年（1878 年）到明治十四年（1881 年），政府为了奖励民间开发，进口了大量机械，在爱知、广岛开办工厂，不久后又决定处理给民间，在大阪、三重、静冈、冈山、栃木、山梨、长崎等各地将机器卖给地方的有志者，从而在各地设立了纺织所。之所以这样做，是因为从明治元年（1868 年）以后的十三年间，棉类物品平均年进口额 1000 万元，占进口总额的六成以上，其中棉丝又占棉类物品的四成以上。政府当初在富冈设立制丝厂，目的是改良日本主要的出口品生丝的质量。现在又想对主要的进口品棉丝进行国产化，以维护本国利益。荣一恰值一个机会得知大仓喜八郎想收买鹿儿岛藩纺织所的消息，立即竭力劝说他打消这个念头，另外创设一个新型的纺织工厂。于是他和大仓喜八郎、益田孝、藤田传三郎等数人共同成为创始人，又鼓动松平、伊达等贵族、萨摩治兵卫、杮沼谷藏、杉村甚兵卫等人参加，于明治十四年（1881年）十月将蒸汽机纺织工厂厂址选定在大阪三轩屋，明治十五年（1882年）春破土动工，明治十六年（1883年）秋竣工落成；选举藤田传三郎为头取、松本重太郎等为取缔役、荣一等为相谈役，工厂取名为大阪纺织株式会社。同时大阪纺织株式会社还命令这时尚在英国留学的旧津和野藤士山边丈夫进入英国纺织工厂，学习操纵技术，明治十五年（1882年）归国后便作为技师管理生产业务。这是鉴于富冈制丝厂曾经聘用外国人技师的教训，想从开始就由日本人自己进行生产。就这样，大阪纺织株式会社的资本逐步增加，工厂增设，业务运营良好，成为我国的大工业公司之一。

三重县有个人叫作伊藤传七，曾经经营纺织业，为了进一步扩充生产规模，他通过熟人的介绍认识了荣一，请求他给予支持和指导。荣一热心地将他的新工厂安置在四日市，按照他一贯倡导的合资原则，创设了三重纺织会社。还聘请了在大阪造币局里工作的工学士斋藤恒三为技师长，派遣他及几名部下一起赴欧美各国参观学习。在荣一的关怀下，这个工厂也取得了好成绩。也许是出于同行相忌的原因吧，大阪纺织会社的一个主要股东为此事责怪荣一多管闲事。对此荣一回答道："要发展日本纺织业,岂能满足于一两个会社呢?我们要办起更多更大的会社,而不应为自己的私利所束缚。"这个回答表明了荣一的内心世界。他就是这样一个以国家、民族利益为重,抛开个人得失的人,一个胸怀全局的人。荣一为了避免与大阪纺织会社之间产生感情隔阂,特地将自己在该会社的股东名义改为尾高新五郎。看来荣一也深知人世间除了是非善恶以外,人情也非常重要这一道理。他的这个做法是值得赞赏的。

到了明治二十年(1887年)五月,由朝吹英二、益田孝等人发起,以三井财团为主要股东,成立了钟渊纺织会社。可这个会社在成立后经济状况不佳,发展缓慢,三井财团为此而委托荣一改善、整顿经营,并使荣一成为该会社的股东。通过荣一的整顿,该会社后来出现了兴隆盛况。

还有一件工商业经营技术上的事。作为日本纺织原料的棉花,产出量少质劣。明治二十年(1887年)荣一派遣大阪纺织会社社员河村利兵卫前往中国江苏、浙江等棉产地考察。明治二十一年(1888年)又派遣河村前往西贡、柬埔寨,从而开辟了中国、越南的棉花产地。明治十五年(1882年),在农商务省工务局所属爱知纺织所长心得冈田今高的倡议下,成立了大日本绵丝纺织同业联合会,几个纺织会社都加入了该联合会。荣一虽然不是会员,但是由于地位、经历及名望的原因自然地成为领导人。这时,荣一通过这个联合会商议了进口印度棉花的方案，以联合会的名义要求政府派遣官吏赴印度，从事商工业考察。政府采纳了这一建议，派遣外务书记官佐野常树去孟买考察。大阪、三重两纺织会社也同时派人随行。之后政府与孟买达达商社签订了契约，进口印度棉花，纺织生产的效益和质量因此而得到了大大地改善，可是当时印度的海运航道被外国汽船公司垄断，运输价格昂贵，日本的公司深受其苦。外国公司中最大的是英国的比欧公司，独占其大部分的利益。荣一趁明治二十五年（1892 年）达达商社的阿尔·德·达达访问日本，明治二十六年（1893 年）该商社的塞·尔·达达访问日本之机，对他们极力阐述降低运费对双方都有必要的道理，最后说服了塞·尔·达达，同他合作，双方决定另辟新的航路。浅野总一郎知道此事后自告奋勇地要求承担这一重任。这次竞争只能成功不能失败，必须以十二分胜利的把握来应对战斗，所以尽管浅野的口气大，荣一还是没能答应他的请求。另外，日本最大的邮船会社社长森冈昌纯、钟渊纺织会社的主要负责人朝吹英二及塞·尔·达达等人商量，整合大阪纺织会社、三重纺织会社、钟渊纺织会社、大阪内外棉会社、日本棉花会社等主要会社的经济实力。又让朝吹英二在大阪召开日本棉丝纺织联合会，说服各棉丝业工厂的干部，众人一心，最后决定以五大会社之间议定的 2 万俵货物、2.5 万俵的自由货物，用联合会的名义同邮船会社签订合同，同时还使达达商社保证供应货物不出差错。一切准备就绪后，这一年的十一月日本出船二只，达达商社出船二只，开通了神户与孟买之间的定期航道。这意味着向海上霸主比欧公司进行宣战。我方的阵容整齐、威风凛凛、准备周密，而比欧公司也是英国的一流公司，没有退缩。他们对邮航公司采取了高压和计谋并用的手法，将过去每捆货物17卢比降为8卢比，以吸引客户，开展竞争。到后来竞争愈来愈激烈，每捆竟然降至1.5卢比。荣一全力说服联合会，绝对不能受其诱惑，一点货物都不给比欧公司。日本商界人士纷纷坚守信义，毫不动摇，邮船会社也是全力奋战。比欧公司最终不得不服输，竞争暂告一段落。日本的对外航远的发展因此而迈出了第一步。这不用说多半也是归功于荣一的机智。

纺织业发展以后，荣一以联合会的名义，要求政府废止棉丝的出口税和棉花的进口税。政府批准了这一建议。从这以后日本纺织业得到了更快的发展，以至于成为世界上的纺织大国，业务遍及全世界。纺织界的人们永远不会忘记荣一的功劳。

绢织物及麻的生产也是在荣一的支持下发展起来的。特别是北海道的亚麻业是日本以前从未有过的。尽管在发展的初级阶段遇上了很多困难，但在荣一不惜余力地指导和扶植下，最后取得了令人瞩目的成绩。

荣一的事迹中还有一件不能忘记，就是他帮助平野富二，推荐梅浦精一，自己也加入了领导班子，与众人共同创立了石川岛造船所，推进了造船业的发展的事。不幸的是，担任技术负责人的平野于明治二十五年（1892年）病逝。荣一长年坚持担任取缔役会长的职务，为提高钢铁冶金水平，明治三十一年（1898年）增设了浦贺分厂。在贺词中荣一指出："本分厂与欧美的各个造船所相比实在是小而又小。"这不全是自谦之语。荣一的确是这样想的，他无论何时都牢记着奋斗目标。一直到现在，他还间接地致力于横滨船渠会社和函馆船会社的建设。

　　明治初年税贡仍然是以实物，即米的形式缴纳，为此有必要改善贡米运输。荣一在大藏省任职时正值废藩置县。他把各藩上缴的汽船集中起来成立运输会社，又与在通商司保护下的廻漕会社相合并，成立了邮便蒸汽船会社，前岛密任主任官。这个时候，岩崎弥太郎接收土佐藩的汽船，成立了三菱汽船会社。明治七年（1874年）进攻台湾时，三菱会社接受了军事运输的业务，从政府处又购得数艘汽船，提了声誉和地位。邮便蒸汽船会社在经营困难的时候，又逢竞争对手业务隆盛，不得不解散倒闭。从此以后三菱会社就受到政府的保护，政府从美国汽船会社购买了5艘汽船送给三菱会社，三菱会社又购买了邮便蒸汽船会社的12艘汽船。此外三菱会社还每年从政府领到航海助成金25万元，顿时资本大为扩张。在此基础上，三菱会社驱逐了美国太平洋汽船会社，又与垄断着横滨与上海航道的英国比欧公司相对抗，取得胜利；还击败了中国招商局，为从日本沿岸驱逐外国船而立下了功劳。三菱会社从政府领到的保护款项共有船舶资本、修缮费、航海助成金、贷款等多项，数额达 925 万元。它依靠其雄厚的实力收购矿山、兴办银行、经营海上保险、开办仓库业务。规定凡是在三菱银行汇兑钱款的，货主的货物必须委托三菱船舶运输；委托三菱船舶的货物必须支付三菱海上保险费用。这意味着三菱会社将货物的银行款项费用、运输费用、保险费用、仓库费用等从头至尾全都包揽。当时正值纸币与银之间的价值不等的时期，三菱会社还规定乘船必须以银交纳乘船费，拒绝使用纸币。当时外国的船运公司收费标准是每 1 万元的货物运费为 1 元，还包含保险费，而三菱公司的运费却高达上述标运的 25 倍。尽管如此，海上运输业务只能依赖三菱公司，人们对它的专横跋扈无可奈何，纷纷骂三菱公司是海上霸主，有识之士则指出必须纠正这种骄横的现象。荣一历来认为独家垄断会产生弊病，极力主张工商业要按照合资的原则。明治十三年（1880 年）八月，荣一受岩崎弥太郎的邀请在向岛柏屋里聚会时，二人谈到经营与商业的话题上来，双方就合资原则与个人主义的是非问题发生了争论，到了后来愈争愈激烈，荣一干脆拂袖而去。三菱会社想先下手挤掉荣一，事实正是如此。荣一得到了三井益田孝的赞同，说服伏木、新潟、伊势等地的富豪，于明治十三年（1880 年）创设了东京风帆船会社，又合并了北海道运输会社、越中风帆会社，得到了农商务次官品川弥二郎，即长州派的一大支柱的支持，设立了与三菱会社对峙的共同运输会社。

共同运输会社与三菱会社相对抗是与当时的藩阀竞争、时代思潮及经济情况相互联系的，具有纷繁复杂的多种因素。北海道开拓使从明治二年（1869年）到明治十三年（1880年），共从国库里领了1409万元。明治十三年（1880年），开拓使长官黑田清隆准备以30年间的赋税，即30万的价钱将北海道里的国家物资，包括各种工厂、试验场、畜牧场、仓库、船舶等全部卖给关西贸易会社。这个会社是萨州的五代友厚、长州的中野梧一二人合办的。黑田清隆的这个计划意味着将花费了1400万元才得到的资产以每年1万元，共缴纳30年的象征性价格白送给关西贸易会社。天下哪有这般好事呢？政府竟然要批准这一计划。大隈参议虽然持反对意见、据理力争，仍未被接受。大隈无法，只好暗地唆使《横滨每日新闻》《邮便报知新闻》《朝野新闻》《嘤鸣新志》等攻击黑田清隆的上述计划。三菱会社为了帮助大隈，也主动投资、积极活动。经过几个报社的宣传，一时舆论哗然。当时正逢自由民权运动方兴未艾，民权派领袖们逼迫政府召开众议院议会。伊藤博文、井上馨等人主张应首先进行宪法调查，根据调查的结果慎重地制定众议院条例。朝廷百官都同意这一个方案，唯独大隈提出明年进行总选举，后年便召开议会的建议。当然这个建议一出笼便成为众矢之的，人们纷纷抨击道，身居要职却又是让开拓使出卖国家财产，又是鼓吹开设议会，大隈搞的是什么名堂。不久天皇下诏，决定议会定于明治二十三年（1890年）召开，北海道的财产也不准自由出卖。这样一来大隈被迫下野。可是他刚一下台便于明治十五年（1882年）四月组织了立宪改进党，与十四年（1881年）十一月板垣退助组织的自由党共同反对政府。政府认为，再也没有理由继续支持三菱了，明治十五年（1882年）二月，政府对待三菱的态度突然转弯，发出命令书，严格检查和监督三菱会社的经营活动。

在这种复杂的背景下，与三菱会社相对抗的共同运输会社成立了。创立委员有益田孝、小室信夫、涩泽喜作、堀基、藤井三吉、原田金之祐六人，荣一以正在经营银行业务为由，避免抛头露面，这当然不是他面临即将开始的战斗而胆怯，而是由于荣一并不是一时心血来潮而作战的，他已经预见到了战斗的结果，而选择在战斗结束后再出场。社长是政府选派的海军少将伊藤隽吉，副社长是远武秀行。资本额为600万元，其中260万为政府出资。明治十六年（1883年）十月之后运输会社的新造船舶开始陆续不断地往返于欧洲、日本之间，各条船都穿梭于三菱会社的航路里。竞争越来越激烈。这是一场奇特的战斗：船与船之间接上了火，船码头与船码头之间接上了火，自由党向三菱会社射出了箭，改进党向运输会社射出了箭，涩泽荣一与岩崎弥太郎相对抗，合资原则与个人主义相对抗，政府与政党相争，品川与大隈相争，乘船价格与乘船价格相争（神户与横滨之间的三等舱过去是 5.5 元，由于这场竞争逐渐下降，最后竟然降至 1 元以下）技术与技术相争，速度与速度相争，有时勉强进行速度上的竞赛，将乘客置于危险的境地，敌我双方都蒙受了巨额损失，成为筋疲力尽的武士。这场竞争从明治十六年（1883 年）一直进行到明治十八年（1885 年）。海洋的潮流总是不停地改变着方向的。由于损失过大，政府内部逐渐出现了异议，品川受到非议，运输会社与政府的关系也改变了。运输会社的股票只剩下三分之二了。三菱方面则自明治十八年（1885 年）三月弥太郎病死后，风向开始改变。舆论开始指责这场竞争的无意义。两社都疲惫不堪，又都满身伤痕。当时人们的看法是正确又贤明的：这样下去会毁掉日本的海运前途。明治十八年（1885 年）七月，政府发布了一道命令：除了将两社资本合并，另外新成立一大会社外，别无他途。政府命令迅速讨论此议。两社的负责人也同意合并，九月创设委员长森冈昌纯、委员小室信夫、堀基、庄田平五郎、冈本兼三郎审议了政府起稿的原案，批准通过。新会社从十月一日起以 1100 万元的资本金开始营业。这就是日本邮船会社。在这场竞争中荣一没有抛头露面，当然无所谓胜败。

此后的日本邮船会社发展迅速，到明治二十六年（1893 年），该社的组织变革之际，该社的中心权力人物岩崎弥之助、川田小一郎找到荣一，聘请他与三菱的庄田平五郎、三井的中上川彦次郎、第十五银行的园田孝吉诸人共同担任取缔役。

荣一应允了这一聘请，开始公开露面，担任公职。前面提到的与孟买航路上的英国比欧公司竞争就在这个时候。比欧公司竟然将每捆货物运费降至1.5卢比，以这种苛刻的手腕向我方挑战。之所以能够坚决的回击，实在是由于荣一所相信商业与道德不能分离的道理，即将算盘与《论语》结合在一起的坚定不移的态度。1.5卢比对12卢比，这意味着敌方企图以八倍的力量粉碎我方。尽管悬殊如此之大，棉丝联合会丝毫没有受到敌方进攻的影响，当然也是联合会齐心协力的结果。将众人的力量拧成一根绳，完全是荣一的道德信念所致。依赖这一条，这场战斗才大获全胜的。当初荣一想开创孟买航路时，比欧公司香港支店长约翰逊、神户支店的米歇尔、横滨支店的里格特三人，一起找到荣一极力劝说，企图中止荣一的这一计划，其努力也无济于事。这就是兵法上所说的"伐其谋"。显然当时比欧公司已经将荣一视为敌人阵营的主将了。荣一反驳了约翰逊等人的谬论。到了开始竞争的前夕，荣一听取了岩崎等人的建议，不仅置身于纺织界，还置身于邮船会社，公开地与比欧公司展开竞争。这场竞争也是一场大战。比欧公司进行的是英雄大战，荣一率领的是堂堂的王者之师。尽管与三菱会社竞争时失败了，但这次与比欧竞争是正义的竞争，谁也不能阻挡，之所以获得了胜利就是这个原因。这时还不过是一个小小的海运公司经营者的浅野总一郎挺身要求上战场也多半是出于正义的激情。荣一将他暂时稳住，则是出于他的深谋远虑。因为总一郎也是荣一早就发现并扶植起来的一棵苗子，曾在明治二十四年（1891年）四月，以20万元资本设立了浅野回漕部。荣一将他的锐气留起来，后来果然得到大发展，成立了庞大的东洋汽船会社。

一个国家的真正的繁荣昌盛必须首先是人民的进步、民间的强大。涩泽荣一一生都深信这一条。他主动地置身于民间，自己首先成为社会的一个机体健全的分子，同时做人们的良友、指导者，和民众一道共同创造光明幸福的新世界。为此他长年累月、不辞辛劳地工作着。他将他的德才、地位、声望、资财、情怀及一切所有物都毫不吝啬地奉献给社会，真正做到了有求必应。因此，社会也将他视为一个良友、指导者，来自四面八方的求援者源源不断。当时的社会里几乎没有哪一个方面与荣一没有关系。

以上偶尔记录的不过是满天明星中的几颗闪烁的星星而已。如果，将其所有的事业都记录下来，恐怕仅目录都无法容纳。如荣一与铁道的关系尚未记载，可是从东京铁道会社被卖给民间时起，荣一就长期地帮助华族协会经营铁道事业。后来又促成了保险会社的成立。北海道炭矿铁道也是荣一及德川义礼、奈良原繁等几人共同发起成立的；还有参宫铁道也是由荣一发起成立；荣一还是日本铁道会社的股东、理事员。在明治三十一年（1898年）领导班子出现矛盾时，荣一妥善地处理，为平定纠纷立下了汗马功劳。此外还与九州铁道、筑丰铁道、日光铁道、水户铁道、京都、两山、磐城、北越、挂川、船越滨崎、西成、岩越、金城、京北、大社、南丰、总武、函樽、台湾等诸铁道都有或深或浅的关系。纺织方面的工厂在前面略有记载，还有茂斯林纺织厂也与荣一有密切的关系；后来因故解散了的东华纺织厂也是荣一等人发起而成立的。矿山方面，像足尾铜山会社那样的大矿山，在经营衰微，几乎破产的时候，荣一以少量的钱款与该矿山的所有者古河相融通，便抓住了要害，从此便转危为安，获得了惊人的大发展。这个古河市兵卫曾经是小野财团的番头。第一国立银行成立不久，他使荣一吃尽了苦头。在出现混乱，处理纠纷时，荣一和古河相互都承认了对方的才干。后来古河曾经凭借荣一的力量，同时又帮助过荣一。浅野总一郎也是荣一所信服的人，他的矿山部里有荣一的心血。磐城炭矿请来荣一担任取缔役会长。藤原炭矿、长门无烟炭矿现在不知经营得怎样，最初也是由荣一和浅野总一郎一手创办的。煤气的广泛使用自然是明治以后的事，最初还有一段极可笑的插曲。

　　明治四年（1871 年）二月，东京府知事由利公正计划在新吉原这个地方设置煤气灯，由英国购入了煤气机器，同年八月交给了东京会议所。就在这个时候，新吉原金瓶大黑楼主人松本金兵卫扬言说新制成一种矿油灯，又有西村胜郎说是发明了现华灯，竟然这两种灯都比各种煤气灯要优良。荣一最初就兼任东京会议所煤气系长，后来经过种种曲折，历任事务长、社长，最后担任取缔役会长，创设了东京煤气株式会社，一直发展到今天。电灯事业方面，明治十九年（1886年）七月荣一担任东京电灯会社的创立委员。电话方面，早在私设电话还不准安装的时期，明治二十年（1887年）荣一便派遣理学士泽井廉赴美留学，成为爱迪生的徒弟。后来因电话事业只准官营，所以将泽井技师让给了政府。还有广岛水力电气会社、东京水力电气、陆羽电气铁道、群马电气铁道及其他会社都是在荣一发起下成立的。

前面已经提到，王子制纸会社的筹备，是荣一还在大藏省任三等出仕时计划的。后来荣一下野后于明治七年（1874年）担任该社的事务官，克服了重重困难，终于在明治十二年（1879年）以后打开局面，有了良好的经济效益。这个会社当时竭尽全力开发、制造报纸用纸，极大地推动了日本文化事业的发展。要研究明治文化，不研究这个会社，就如同研究建筑时不考察其基础一样。明治十二年（1879年）和明治十七年（1884年），大川平三郎曾经两次出国考察、研修技术，极大地推进了该社的事业。这以后坚持采用先进技术，给社会带来了较大的贡献。与此相关的还有四日市制纸、东京印刷两个会社，也是在荣一的支持和扶植下创立并营业的。门司筑港、若松筑港两个会社也听取了荣一的谏言。开展事业与工商业不同，在很大程度上受到自然界的支配，必须要有持之以恒的毅力和不屈不挠的勇气，一个事业出成效至少要有 30 年乃至一生的漫长时间。三本木开垦会社与十胜开垦会社，这两个会社在荣一指导、协助下并没有取得好的经济效益。后来三本木会社保留了三本木那一大片荒凉的土地，从中可以看出荣一的性格。

石油、水泥方面，荣一通过浅野做了许多的工作。在啤酒制造方面，荣一继承了北海道开拓使的事业，与大仓、浅野共同创办、经营札幌啤酒制造会社。所有这些新型企业无不打下荣一的烙印，可以想见荣一当时是如何地竭尽全力创造新社会的。在水户方面，荣一创办了州崎养鱼、青木渔猎、千叶县渔产、日本水产等会社，但没有收到满意的效益。

在砖瓦制造业方面，荣一创办了品川白砖瓦制造所、日本砖瓦制造所两会社。在白砖瓦制造所方面，荣一帮助西川胜三，使其获得了成功。在日本砖瓦制造所方面，也许是其原土产地大里郡上敷免村离血洗岛村不远的原因，荣一对这个会社极为关心。在长达十三年的时间里，在不利的因素接连不断，经营困难的情况下，荣一始终扶持该会社，通过诸井恒平指导经营，最后终于使其转危为安，获得成功。

在制蓝方面，由于这是涩泽、尾高两家的祖传事业，所以当他看到印度靛蓝大量进口，日本的产品受到排挤时，便与尾高新五郎共同开发靛蓝。在长达十几年中，投资数万元，耗费了大量的精力进行研究，又派遣青木直治赴印度公司学习。当时日本的染料制造的化学知识与技术水平仍然处于较低阶段，虽然费尽苦心也未能奏效，荣一只好中止了研究。在制网业方面，荣一与渡边温一起承包下横须贺网线制造所，取得了好成绩。

在玻璃制造方面，荣一为西村胜三的品川玻璃会社及与益田孝、浅野总一郎合资的磐城玻璃会社费尽了心血，以图设备完善、技术先进，最后仍然遭到了失败，会社不得不关闭。可后来在荣一的义侄田中荣八郎创设田中玻璃工业时，这些失败的教训成为宝贵的经验。荣一参与指导、经营的工厂并非都是一帆风顺的，大都经过一个曲折、困难的过程而后才逐步趋向好转的，其中也有像靛蓝制造、玻璃制造这样的以其大胆的尝试、牺牲为社会发展铺平道路的企业。由于荣一出身于农民家庭，所以理解并积极支持高峰让吉的人造肥料论，发起成立了东京人工肥料会社。在试用肥料阶段中，阿波、肥后等地的农民在本该施用氮肥的土地上施用了磷肥，越中地区的农民将粉状肥料施用于水田旁的流水中让肥料随着水白白流走，以至于农民们纷纷议论说这样的肥料无效。然而有用的东西总是有用的，等到一般农民们懂得了肥料的选择及使用方法后，人工肥料会社也就自然得到承认，并获得较大的利润。其他还有汽车制造业、仓库业、制糖业、饭店、土木业……荣一所涉及的新型企事业数不胜数。其中有的是走在社会发展形势之前，有的是随着时代发展应运而生。

走在社会发展之前的往往经过了一个曲折的过程，然后才走上顺利发展的轨道；随时代发展应运而生的往往一开始便大奏功效；少数遭遇不利因素完全失败的企业，如果从后来的发展过程来看，有的也是难以避免的。所有这些都使人深深感到荣一是一个时代的弄潮儿。

多姿多彩的一生

荣一不仅活跃在工商业界，而且在社会其他方面也取得很大成绩。他将朝鲜京城（今首尔市）与江川之间的铁道铺设权由美国人摩洛斯手里买下来，使得这条铁道开通运行，又在京城与釜山之间铺设铁道。荣一这一项事业的成功在当时具有特别的意义。还有东京市养育院事业，虽然荣一自从明治初年以来就与东京会议所有关系，主要还是由于他精明、善谋，四方奔走，得到了上下周围的热心支持，才创立了这个机关，救济不幸贫民，改良社会。荣一不是一个宗教信奉者，却如此热心社会救济工作，实在是难能可贵。

日本历史上长期锁国，政府从来没有使国民成为知礼仪、善交际的文明人的意识，更谈不上让国民接触外国的有德有识的人士，以培养出增强国际交往、加强与外国人友谊的习惯。在这样的风俗习惯中，即使国家与其他国家有交往，国民也会漠不关心；如果国民与其他国家人民没有私人的交往，他们对政府间的来往就不会抱有真正的好感，对外国使者也不会有友善的表示。这是国民不懂得自己应有的义务和权利、不懂得尊重自己的地位维护尊严的表现，是一件令人遗憾的事。荣一在随德川昭武公子周游欧洲列国时曾经亲身体会到各国国民对外国国民礼节备至的情状，自然会深感自己国家的国民的不足之处。于是在美国前大总统格兰特将军在明治十二年（1879年）访问日本的时候，荣一趁此机会在东京上野公园以东京市民的名义召开了盛大的欢迎典礼。他极为荣幸地邀请了天皇陛下亲临会场，还有皇族、大臣、东京知事及文武百官出席。荣一为了掀起破旧俗、树新风的运动，在典礼中举办了武术表演等多种节目，使得会场气氛非常活跃、热烈。当时仍有不少人不理解外交及接待外宾的意义，加上攘夷思想的残余仍然有势力，所以不用说欢迎美国前总统，就连天皇出席典礼都有人反对。因此这个典礼原则上是以感谢圣德、瞻仰龙颜，并且邀请美国前总统格兰特将军的形式进行。尽管如此，格兰特等人喜悦之情溢于言表，而且这次大典礼之后，日本人民逐渐形成了在公开场合表达自己的意志感情的习惯。联想到十多年前荣一自己还是一个攘夷论者，今天已经成为这个盛大典礼的发起人和组织者，人们不得不感到荣一是一个时代创造出的杰出人物，又是时代的领导者。换句话说，荣一就是那个时代的结晶。在这个典礼之前，荣一邀请格兰特在新富座观看演剧，又在工部大学设盛大宴会……这些本来是他在巴黎时所学到的经验的应用。后来，在明治二十六年（1893 年）荣一创立了喜宾会，此后又修建了帝国饭店、帝国剧场。荣一从事这些事业，除了事业本身所具有的目的、意义以外，还着眼于积极发展对外交际，以提高我国人民的素质。

对外如此，对内也是如此。荣一总是站在人民一边，为了使国民具有集体、团结的意识而尽力。在宪法颁布时，荣一组织发起了东京祝贺大会，又组织搭建了日清和平凯旋门，发起了平安迁都纪念节日，建都三十年祝贺会，等等。经过这一系列的民主、新式的大型活动，日本人民在没有荣一的情况下也都自发地举行大型的民间活动。荣一就是这些活动的启蒙者。

荣一就是这样几乎与时代共呼吸、同命运。所以每当时代发展中出现新事物时，总是离不开荣一的关心与扶植。这类事在当时多得难以想象，以至于人们形成了一个概念：凡是荣一所涉足的事或寄予同情的事，无不成功；如果是与荣一无关，或者遭到其批评、批判的事必然归于失败。也正因为如此，一些反对他的人也就不可避免地会产生。明治二十五年（1892 年），荣一遭到歹徒的袭击就是一例。他平时并非头上长角、身上长刺，为人一向温和善良，又是以孔子之教为修身之念，照理说不会遇上这类事。可是他八方应酬，广为结交，待人接物再得体，也难免终生不树一个敌人。事情的原委是这样的：随着东京市政的繁荣，民间用水设施的修建、改良提到了议事日程上来。预算费用为 650 万元，这在当时来说是一项巨大事业。为此必须得到相当数量的铁管，于是出现了由国外购进铁管还是国内生产的争议。由于荣一平时主张爱国、维护本国利益，所以人们都预测到他肯定会批准国内制造的计划。当时的制铁会社的发起人也希望荣一作为社会事业的指导者、支持者来参加制铁会社，借荣一的力量，给制铁会社带来利益，可是荣一与煤气事业、造船事业之间有着密切的联系，非常了解日本当时的铸铁界的能力、技术、经验，认为在当时要制造出从未制造过的巨量的铁管还有很大的风险。不如对外国的产品进行严格的检查，然后购进优良铁管作为材料。这样最切实牢靠，不会出问题。基于这个想法，荣一批准了从外国购买的计划。不仅如此，荣一还由于当时担任着东京市参事会员的职务，不适合作为制铁会社的发起人与其他的发起人共同承接铁管制造的任务，因而谢绝了制铁会社的请求。这一举动对制铁会社是极为不利的。双方的争论终于导致了感情的裂痕。一时流传着欲购外国铁管的人是为了勾结外国人而牟取暴利的谣言，一些人不顾一切地坚持在国内制造铁管。

明治二十五年（1892 年）十二月十一日，侯爵伊达宗城病笃，荣一听到消息后立即乘马车去探望。在途经儿桥时突然出现两个歹徒围住马车，用刀砍马足。马失蹄倒在地上，歹徒们捣碎玻璃企图行凶。正在看报的荣一感到车突然停下，抬头一看，两把闪着白光的刀刃已经逼到了他的胸前。好在这时车夫八木安五郎及时挥鞭抽打歹徒，同时左手紧勒缰绳，催马站立起来。马知人意，站立起来重新奔驰。八木安五郎腾出手又用鞭子抽马，马车如风似地向前冲去，歹徒被抛在后面。这时，乘人力车跟随在荣一马车后面的警官跳下车便扑向歹徒，将歹徒擒获。荣一则在骏河町越后屋，即今日的三越楼上稍稍压惊后便回家了。警官之所以尾随在后，是头一天其女婿税积陈重的意见。他认为，既然外面有谣言，还是应该随身带着警卫的好，所以向警察署报告，这才使荣一幸免于难。当时流传，背后怂恿歹徒行凶的是制铁会社发起人之一、海军大佐远武秀行。这之前远武秀行企图征得荣一对成立制铁会社的赞同，在遭到拒绝后他竟然面红耳赤地同荣一争吵。荣一知道是这个远武秀行怂恿歹徒行凶之后，考虑到如果任谣言四面流传的话，远武秀行必将失去信誉，难以在实业界立足，于是叫人将他请到家里来，与他谈笑自如，与平时没有半点异样。这件事反映出荣一为人宽厚。这以后各种谣传自然消失。铁管问题的争论也到此结束。十二月二十四日京滨地区银行同盟者会在帝国饭店召开祝贺涩泽荣一平安无事的庆祝会。正金银行头取园田孝吉作为代表作了祝词。明治二十六年（1893年）一月，制铁会社成立后，果然如荣一所预料的那样，困难重重，最终引起刑事、民事纷争，使东京市陷于一时的混乱。

　　经过种种实践，人们对荣一的务实之才及先见之明越来越叹服，四面八方都深信他那精确无误、切实可行的实业精神，纷纷求助于他。一些人想建立新的企业，开拓新的实业时，其事业能否成功就以能否得到荣一的赞同为标准。一些人仰赖荣一的才德名声，利用其来扩大自己的事业，荣一也有求必应，以诚相待。不知什么时候起，荣一就被人们称为实业界的大雄宝殿了。到了这时，与荣一直接、间接有关的事业已经多得惊人，无法计算了。明治三十三年（1900年），荣一凭借取得的功勋被列入华族，授予男爵称号。

甲午战争后，日本的国运得到了一大飞跃，日俄战争后，国运再次得到了飞跃。每当国运飞跃的时候，荣一的事业都相应地得到了飞跃。说得更确切些，不是国家有了飞跃后荣一才有飞跃，而是荣一是作为推动国家飞跃发展的一个重要因素，重要的动力而存在的。荣一自从辞官后本来无意于爵位的称号，可是圣君贤明，看到了荣一对国家的诚意和所做的贡献，而下令授予爵位。到了大正九年（1920年），荣一升为子爵。在由男爵升为子爵的一段时间中，荣一所指导的社会事业更是不胜枚举，纷繁复杂，难以在这本小册子里尽述。总的说来，他这之后的一切事业都可看作是这以前事业的延长和继续。

荣一的影响既然扩展到全社会，也就自然地被经济界、实业界、公共事业界以外的组织和势力所注目、利用。荣一坚持从事自己的实业、经济及公共事业，不愿越雷池一步，这一是出于他自重，一是他具有谦虚的美德。明治三十三年（1900

年）伊藤博文组织立宪政友会时，自认为过去曾经得到荣一的信任，因而要求他加入该组织。若荣一率领实业界的重要人物加入立宪政友会，不用说会大大增加该会的势力。可是荣一深知实业界如果加入政界，有时会弊大于利，所以尽管与伊藤博文在公、私上都是至交，仍冒着引起伊藤博文不快的风险，坚决地拒绝了他的要求。为此二人之间一度出现过感情上的不和，可是由于伊藤博文的智慧和荣一为人的光明磊落，后来双方终于消除了误会，各自做了让步。第二年五月，伊藤博文、山县有朋联合推举井上馨出面组阁时，井上允诺了，并极力劝说荣一出任大藏大臣。普通的人会毫不犹豫地允诺，但荣一仍然坚持信念，无论如何不肯从命。他于二十日写信给芳川显正，二十二日写信给伊藤博文、山县有朋，明确表示了辞意。为此井上也收回了组织内阁的意见。这件事不是说明他具有更大的野心或者清心寡欲，也不是他深谋远虑长于明哲保身之术，而是他一方面忠于明治六年（1873 年）下野时的信念，另一方面不愿贸然深入已没有信心的领域里。在当时，无论是他的阅历还是才能、势力，都足以使他进入国家领导者之一的行列，这是无可非议的。可是荣一没有步入政界。荣一想道：自己即使身为国家领导要人，当上大藏大臣，也不能真正为国为民尽力，还不如照现在这样身处民间工作更能实现自己的愿望，同时也适合自己的个性。从这件事上可以再一次看出荣一的优点。由于井上没有出面组阁，一个从未为人注意的桂太郎出面任总理大臣。如果井上和荣一二人出面组阁的话，即使他们秉公办事，可以想见结果仍然会是先喜后悲的。

明治三十五年（1902年）五月十五日，荣一与夫人一行登上了视察欧美的旅程，在美国受到罗斯福总统的接见，在英国的伦敦商业会议所受到了殊遇，经过法国、意大利等国，于十月三十一日回到日本。自从年轻时逗留在欧洲以来已有三十多年，当初是德川家族的一个无名小吏，如今成为世界性的实业家。荣一在这次旅程中对其所见所闻不禁充满了感慨！另外，在这几年中荣一还为朝鲜半岛铁道的铺设费尽了心血。这一工程的顺利完成为不久后爆发的日俄战争立了大功劳。战争结束后的明治三十八年（1905年），荣一接待了美国太平洋铁道会社社长哈里曼。

明治四十二年（1909年）六月，荣一在匆忙的岁月中百般劳累，身心都感到了疲劳。这时他已是70岁的老人了。于是他召集了东京煤气会社的高松丰吉及20名左右的下属，说明了辞去取缔役的意向，又通知有关的61个会社，宣布一切职务均解任，今后只专心银行业及社会公共事业。同年八月，荣一接受美国歌托尔及太平洋沿岸八大商业会议所的邀请，以团长身份率领日本实业界中的重要人物30名，赴美国访问。在美国遍访了53个都市，进行了所谓国民的外交，于十二月十七日回到日本。荣一拖着年老身躯出访外国远不止这一次。

为了追悼明治天皇，荣一首先倡导，发起了在东京都建设纪念神宫的计划。大正元年（1912年）八月九日荣一接见了东京都市公共团体，组织成立了神宫营造奉赞会、有志者委员会，他自己被推举为委员长。经过屡次的联合协议，决定将神宫安置在代代木，其外苑建在青山练兵场。荣一等人将这个意见书提交给了总理大臣和宫内大臣。这就是后来代代木地方建起神宫的开端。明治天皇自然是时人无不崇敬的圣君，而荣一此举完全是作为人民的代言人表达自己的仰慕之情和一片丹心。大正元年（1912年）该会解散，荣一成为明治神宫奉赞会创立委员长。大正四年（1915年）五月制定了意向书及规约，六月将伏见宫贞爱亲王迎为总裁。荣一的耿耿忠心由此可见一斑。

荣一的旧主德川庆喜对皇室尽忠尽忧，对国家鞠躬尽瘁，这在今天早已为人尽知。可是在那个时代，由于特殊的历史环境，德川庆喜一时成为朝廷的罪犯，被迫幽居起来。这件事对荣一来说一直是个隐痛，所以他在被明治政府起用时，或下野成为自由身份以后，凡是因公出差经过东海道时，必然要去静冈侍候庆喜公，以尽慰藉之意，又借机常向政界要人伊藤博文申明其冤，说明德川庆喜具有天下为公的精神，敢于大义灭亲，以其至忠至诚的态度排斥各种诱惑，不以小的毁誉为念，将处于危局中的幕府以最顺利的方式过渡给了下一个时代。荣一的这些努力终于使庆喜得以雪冤，明治三十四年

（1901年）庆喜被封为麝香候，次年又被授为公爵。除此之外，荣一还编纂了庆喜的传记，——澄清了禁里守卫、将军袭职、大政奉还等事件的真相，将德川庆喜的真心本意公之于世。为此他花费了很长时间，搜集资料，终于完成了这部大著述，这就是至今尚存的《德川庆喜公传》。传记于大正六年（1917年）编成，而庆喜于大正二年（1913年）逝世。有人说传记完成后庆喜才得到了永久的生命。荣一本来是通过德川庆喜才获得成功的，他对庆喜可以说是真正有始有终了。

荣一从事的慈善事业极多，其中养育院事业是他特别长时间地关心的事业。经过几次的变迁，后来还在安房设立了分院，设备、条件也越来越完善，受到了政府高官要人们的嘉赏。荣一之所以热心于慈善事业，当然是出于他那颗充满了仁爱之心，如果追根寻源，则是源于他母亲和善的品质和恻隐之情。他母亲对待困苦穷弱之人及老幼妇孺极其关心，充满了救济慰藉之心，甚至有时过于仁慈，引起其丈夫的不满。荣一母亲于明治七年（1874年）逝世，在那以后的几十年时间里荣一坚持不懈地从事慈善事业。荣一的这些努力使其母亲获得了永生。

昭和六年（1931年）十一月十一日，92岁的涩泽荣一作为时代之子结束了富有意义的一生。

附录一

幸田露伴其人

幸田露伴，本名成行，幼名铁四郎。庆应三年（1867年）七月二十六日出生于江户（今东京），昭和二十二年（1947年）七月三十日卒于千叶县市川菅野，享年81岁。

父亲名成延，曾任幕府的职员，具有文学修养，长于文章。母亲名猷子，有较好的音乐素养。兄名为郡司成忠，任海军大尉。弟成幸是文学博士，也是当时文学界的一大权威，其妹延子及安藤幸子都是女音乐家。

露伴幼时入读茶水师范附属小学，考入东京府立中学，不久转入菊池松轩的汉学塾，在学习程朱理学的同时，还苦读老庄，耽于佛书。从这时起他逐渐对中国小说产生兴趣，并涉猎江户时代的戏曲、稗史类。明治十六年（1883年）因故成为邮递省电信技术学校的学生，同时享有优厚的奖学金，第二年毕业于该校。明治十七年（1884年）露伴作为北海道后志国余市站的电修技师，远赴北海道。明治二十年（1887年）

八月退职返回东京，因此触怒了父亲。为了消闲，他试着执笔写小说。明治二十二年（1889 年）一月，发表了小说《露团团》。以其横溢的才华和奇趣的意境立即引起了社会的反响。九月中发表了杰作《风流佛》，从此在新文坛上的地位得以确立，与当时的美妙、红叶一起同时被日本人称为一流作家。

此后，他发表《五重塔》《风流微尘藏》《命运》《土偶木偶》等作品，成为日本近代文学史上具有代表性的作家之一。

幸田露伴的 80 年生涯正好与日本的"近代化"的过程相吻合，但是对露伴来说，他没有必要考虑这个时代的课题。他充分地汲取了江户文学的传统遗产，以其现实生活中的文学感受作为素材，开创了一种清新的文学形式。这种成功，作为一个明治维新以来的近代文学家来说，是空前绝后的现象，所以说，幸田露伴的文学是与日本传统的文学分不开的。在 20 世纪里维护这个传统是困难的，但只要充满了对过去的怀念之情的日本人还存在，幸田露伴的文学就将保存自己的独特的生命。虽然幸田露伴的文学与近代文学发展的主流无缘，但在日本江户时代的文学受到重新评价的今天，幸田露伴的小说——特别是后期的小说也许会得到应有的承认吧！

（本文参考了日本《日本文学大辞典》及加藤周一《日本文学史》等资料）

涩泽荣一年谱

公历	和历	年龄	主要事件	日本和世界的动态
1840 年	天保十一年	1	生于现在的埼玉县深谷市血洗岛村	鸦片战争爆发
1847 年	弘化四年	8	随表兄尾高惇忠学习汉籍	
1854 年	安政元年	15	务农、养蚕、从事靛蓝批发业	
1858 年	安政五年	19	与表妹千代（尾高惇忠之妹）结婚	《日美修好通商条约》、安政大狱
1863 年	文久三年	24	反抗幕府计划失败，逃亡京都	井伊大老被暗杀（1860 年）
1864 年	元治元年	25	仕于一桥庆喜	外国舰队炮击下关
1865 年	庆应元年	26	被任命为一桥家步兵取立御用挂	
1866 年	庆应二年	27	荣一成为征夷大将军德川庆喜的幕臣	长州征伐、萨长同盟

1867 年	庆应三年	28	随德川昭武出访法国	大政奉还、王政复古
1868 年	明治元年	29	从法国归国，在静冈与庆喜会面	戊辰战争
1869 年	明治二年	30	成为民部省租税正，兼民部省改正挂挂长	迁都东京
1870 年	明治三年	31	成为官营富冈制丝厂设置主任	政府许可平民使用姓氏
1871 年	明治四年	32	《立会略则》创刊	废藩置县
1872 年	明治五年	33	荣一提出设立抄纸会社	新桥—横滨间铁路开通
1873 年	明治六年	34	从大藏省辞职，成为第一国立银行总监	《国立银行条例》发布
1874 年	明治七年	35	受东京府知事嘱托担任共有金取缔	
1875 年	明治八年	36	成为第一国立银行头取	
1876 年	明治九年	37	担任东京会议所会头	私立三井银行开业
1877 年	明治十年	38	择善会创立	西南战争
			在王子西原开始建造别墅	
1878 年	明治十一年	39	东京商法会议所创立，担任会头	
1879 年	明治十二年	40	出席欢迎格兰特将军（第 18 任美国总统）的宴会	
1880 年	明治十三年	41	博爱社创立，成为社员	

1882 年	明治十五年	43	千代夫人去世	日本银行开业
1883 年	明治十六年	44	发起成立大阪纺织会社 与伊藤兼再婚	鹿鸣馆开馆
1884 年	明治十七年	45	担任日本铁道会社理事 委员	制定《华族令》
1885 年	明治十八年	46	日本邮船会社创立	制定内阁制度
1886 年	明治十九年	47	创立龙门社和东京电 灯会社	
1887 年	明治二十年	48	发起创办日本炼瓦制 造会社和帝国宾馆	
1888 年	明治二十一 年	49	发起创办札幌麦酒会 社	
1889 年	明治二十二 年	50	东京石川岛造船所创 立，担任委员	《大日本帝国宪法》
1890 年	明治二十三 年	51	任命为贵族院议员	第一届帝国议会
1891 年	明治二十四 年	52	东京交换所创立，担 任委员长	
1892 年	明治二十五 年	53	东京储蓄银行创立， 担任取缔役	甲午中日战争（1894 年）
1895 年	明治二十八 年	56	北越铁道会社创立， 担任监查役	《马关条约》
1896 年	明治二十九 年	57	第一国立银行改为第 一银行，担任日本劝 业银行设立委员	
1897 年	明治三十年	58	涩泽仓库部开业	金本位制施行

1900 年	明治三十三年	61	担任日本兴业银行设立委员，被授予男爵	
1901 年	明治三十四年	62	日本女子大学校创校，担任会计监督	
1902 年	明治三十五年	63	视察欧美，会见罗斯福总统	《日英同盟协定》
1904 年	明治三十七年	65	患感冒长期静养	日俄战争
1906 年	明治三十九年	67	东京电力会社创立，担任取缔役	《铁道国有法》
			京阪电气铁道会社创立，担任创立委员长	
1907 年	明治四十年	68	帝国剧场会社创立，担任创立委员长	经济恐慌、股价暴跌
1908 年	明治四十一年	69	招待美国太平洋沿岸实业家一行	
1909 年	明治四十二年	70	辞去多数企业、团体的职务 访美会见塔夫脱总统	
1910 年	明治四十三年	71	政府咨询机关的生产调查会创立，担任副会长	日韩合并
1911 年	明治四十四年	72	晋升一等勋爵，被授予"瑞宝章"	
1912 年	大正元年	73	纽约日本协会协赞会创立，担任名誉委员长	

1913 年	大正二年	74	日本结核预防协会创立，担任副会长	
			日本实业协会创立，担任会长	
1914 年	大正三年	75	访问中国	第一次世界大战
1915 年	大正四年	76	参加巴拿马运河开通博览会 访美会见威尔逊总统	
1916 年	大正五年	77	辞去第一银行行长，从实业界隐退	
			日美关系委员会成立，担任常务委员	
1917 年	大正六年	78	日美协会创立，担任名誉副会长	金本位制度事实上废止
1918 年	大正七年	79	涩泽荣一著《德川庆喜公传》（龙门社）刊行	
1919 年	大正八年	80	协调会创立，担任副会长	《凡尔赛条约》
1920 年	大正九年	81	国际联盟协会创立，担任会长，被授予子爵	股价暴跌（战后恐慌）
1921 年	大正十年	82	访美会见哈定总统	
1923 年	大正十二年	84	大震灾善后会创立，担任副会长	关东大地震
1924 年	大正十三年	85	日法会馆开馆，担任理事长	美国颁布《排日移民法》
			担任东京女学馆馆长	

1926年	大正十五年	87	日本太平洋问题调查会创立，担任评议员会长	
			日本放送协会创立，担任顾问	
1927年	昭和二年	88	日本国际儿童亲善会创立，担任会长	日本金融危机
1928年	昭和三年	89	日本航空输送会社创立，担任创立委员长	
			日本女子高等商业学校发起人	
1929年	昭和四年	90	中央盲人福祉协会创立，担任会长	世界经济危机
1930年	昭和五年	91	担任海外殖民学校顾问	黄金输出解禁
1931年	昭和六年	92	逝世	"九一八"事变

附录三

涩泽荣一主要著述

《立会略则》（涩泽荣一述），东京：大藏省，1871

《航西日记》（第一、二卷）（与杉浦霭人合著），东京：耐寒同社，1871

《欧美纪行》（大田彪次郎编，涩泽荣一补），东京：文学社，1903

《实业训》（涩泽荣一著），东京：成功杂志社，1910

《富源的开拓》（涩泽荣一述，立石驹吉编），东京：文成社，1910

《实业要训》（涩泽荣一述，浦田治平编），东京：日吉丸书房，1911

《青渊百话（乾、坤）》（涩泽荣一著），东京：同文馆，1912

《至诚与努力》（涩泽荣一述，修养团本部编），东京：荣文馆书房，1915

《村庄小言》（涩泽荣一著），东京：实业之世界社，1916

《处世论语》（涩泽荣一著），东京：弘学馆书店，1917

《至诚努力修养讲话》（涩泽荣一著），大阪：立川文明堂，1918

《德川庆喜公传》（全八卷）（涩泽荣一著），东京：龙门社，1918

《修养全书》（涩泽荣一等述，加藤美仑编），东京：帝国教育学会，1918

《渡世的修养》（涩泽荣一著），东京：东盛堂书店，1918

《青渊先生训言集》（涩泽荣一阅，矢野由次郎编），东京：富之日本社，1919

《寄语出世青年》（涩泽荣一述），东京：城北书房，1919

《处世之道：修养训话》（涩泽荣一著），东京：日进堂，1922

《新商道》（涩泽荣一著，山田延弥编），东京：大法馆，1922

《论语讲义（乾、坤）》（涩泽荣一著），东京：二松学舍出版部，1925

《论语与算盘》（涩泽荣一著），东京：忠诚堂，1927

《处世之大道》（涩泽荣一著），东京：实业之世界社，1928

《涩泽荣一全集》（全六卷）（涩泽荣一著），东京：平凡社，1930

《乐翁公传》（涩泽荣一著），东京：岩波书店，1937

《经济与道德》（涩泽荣一述），涩泽翁颂德会，1938

图书在版编目（CIP）数据

涩泽荣一传 /（日）幸田露伴著；余炳跃译. —上海：上海社会科学院出版社，2015

ISBN 978-7-5520-1026-8

Ⅰ. ①涩…　Ⅱ. ①幸…　②余…　Ⅲ. ①涩泽荣一（1840～1931）－传记　Ⅳ. ①K833.135.38

中国版本图书馆 CIP 数据核字（2015）第 245311 号

企业家文库系启蒙编译所旗下品牌

涩泽荣一传

著　　者：〔日〕幸田露伴
译　　者：余炳跃
责任编辑：章斯睿
出 版 人：缪宏才
出版发行：上海社会科学院出版社
　　　　　上海顺昌路 622 号　邮编 200025
　　　　　电话总机 021-63315900　销售热线 021-53063735
　　　　　http://www. sassp.org.cn　Email: sassp@sass.org.cn
印　　刷：山东鸿君杰文化发展有限公司
开　　本：787×1092毫米　1/32开
印　　张：7.75
插　　页：6
字　　数：140千字
版　　次：2016年11月第1版　2016年11月第1次印刷

ISBN 978-7-5520-1026-8/K · 293　　　　　定价：38.00 元

读者联谊表

姓名：　　　大约年龄：　　性别：　　宗教或政治信仰：

学历：　　专业：　　　职业：　　　所在市或县：

通信地址：　　　　　　　　　　　　　　邮编：

联系方式：邮箱＿＿＿＿＿＿＿＿QQ＿＿＿＿＿＿手机＿＿＿＿＿＿

所购书名：＿＿＿＿＿＿＿＿＿＿在网店还是实体店购买：＿＿＿＿

本书内容：满意　一般　不满意　本书美观：满意　一般　不满意

本书文本有哪些差错：

装帧、设计与纸张的改进之处：

建议我们出版哪类书籍：

平时购书途径：实体店　　　　网店　　　其他（请具体写明）

每年大约购书金额：　　　　藏书量：　　本书定价：贵　不贵

您对纸质图书和电子图书区别与前景的认识：

是否愿意从事编校或翻译工作：　　　愿意专职还是兼职：

是否愿意与启蒙编译所交流：　　　是否愿意撰写书评：

此表平邮至启蒙编译所，即可享受 68 折免邮费购买背页所列书籍。

最好发电邮索取读者联谊表的电子文档，填写后发电邮给我们，优惠更多。

本表内容均可另页撰写。本表信息不作其他用途。

地址：上海顺昌路 622 号出版社转齐蒙老师收（邮编 200025）

电子邮箱：qmbys@qq.com

启蒙编译所近期书目

苏格兰：现代世界文明的起点 / 阿瑟·赫尔曼

民主与大坝：美国田纳西河流域管理局实录 / 大卫·利连索尔

论语与算盘 / 涩泽荣一

涩泽荣一传 / 幸田露伴

米塞斯大传 / 约尔格·吉多·许尔斯曼

民主的胜利：西班牙政治变革的进程 / 保罗·普雷斯顿

世界土地所有制变迁史 / 安德罗·林克雷特

发明污染：工业革命以来的煤、烟与文化 / 彼得·索尔谢姆

大雾霾：中世纪以来的伦敦空气污染史 / 彼得·布林布尔科姆

甘地与丘吉尔：抗争与妥协的政治史诗 / 阿瑟·赫尔曼

妥协：政治与哲学的历史 / 阿林·弗莫雷斯科

市场是公平的 / 约翰·托马西

如何治理国家：献给当代领袖的政治智慧 / 西塞罗

麦克阿瑟回忆录（全译本）/ 道格拉斯·麦克阿瑟

弗洛伊德传 / 彼得·盖伊

路易十六之死 / 黄霄文

人的行为 / 路德维希·冯·米塞斯